# 区域商贸流通产业空间格局及溢出效应研究

◆ 程开明　李惠蓉　唐杰君　著

浙江工商大學出版社 | 杭州
ZHEJIANG GONGSHANG UNIVERSITY PRESS

**图书在版编目(CIP)数据**

区域商贸流通产业空间格局及溢出效应研究 / 程开明,李惠蓉,唐杰君著. — 杭州 : 浙江工商大学出版社,2019.12

ISBN 978-7-5178-3647-6

Ⅰ. ①区… Ⅱ. ①程… ②李… ③唐… Ⅲ. ①区域贸易－贸易经济－流通产业－产业发展－研究－中国 Ⅳ. ①F724

中国版本图书馆 CIP 数据核字(2019)第 278688 号

## 区域商贸流通产业空间格局及溢出效应研究
QUYU SHANGMAO LIUTONG CHANYE KONGJIAN GEJU JI YICHU XIAOYING YANJIU

程开明 李惠蓉 唐杰君 著

| | |
|---|---|
| **责任编辑** | 谭娟娟 |
| **封面设计** | 叶泽雯 |
| **责任印制** | 包建辉 |
| **出版发行** | 浙江工商大学出版社 |
| | (杭州市教工路 198 号 邮政编码 310012) |
| | (E-mail:zjgsupress@163.com) |
| | (网址:http://www.zjgsupress.com) |
| | 电话:0571－88904980,88831806(传真) |
| **排　版** | 杭州朝曦图文设计有限公司 |
| **印　刷** | 虎彩印艺股份有限公司 |
| **开　本** | 710mm×1000mm　1/16 |
| **印　张** | 9.5 |
| **字　数** | 150 千 |
| **版 印 次** | 2019 年 12 月第 1 版　2019 年 12 月第 1 次印刷 |
| **书　号** | ISBN 978-7-5178-3647-6 |
| **定　价** | 39.80 元 |

**本书由以下项目联合资助**

1. 教育部人文社科重点研究基地——浙江工商大学现代商贸研究中心、浙江工商大学现代商贸流通体系建设协同创新中心(商贸流通产业空间格局及演化研究,编号:15SMGK03Z)
2. 国家自然科学基金面上项目(编号:71373240)
3. 浙江省自然科学基金一般项目(编号:LY18G030009)
4. 浙江省一流学科 A 类(浙江工商大学统计学)
5. 浙江省优势特色学科(浙江工商大学统计学)

# 前　言

　　商贸流通产业是国民经济的重要组成部分,承担着衔接生产与消费的重要职能,对于满足居民消费需求、提高城市化水平、优化产业结构、有效扩大就业等,都起着举足轻重的作用。在生产要素流通自由化和区域商贸流通产业紧密联系的背景下,立足于空间经济视角,从空间依赖性和空间异质性两方面,探析我国区域商贸流通产业的空间格局及溢出效应,对促进商贸流通产业协调发展、加快经济转型升级具有重要的现实意义。

　　本书从 5 个方面展开实证研究:①探测区域商贸流通产业的空间自相关性。选取 2005—2015 年全国 31 个省区市①的面板数据,采用地理距离和经济距离相嵌套的空间权重矩阵,对区域商贸流通产业的空间关联性进行测度,并细化为全域空间自相关分析和局部空间自相关分析,以探索区域商贸流通产业的空间分布特征。②构建空间杜宾模型解析区域商贸流通产业的空间依赖性。在探索性分析的基础上,利用空间杜宾模型来开展区域商贸流通产业空间溢出效应的实证测度,通过效应分解深入剖析主要因素影响区域商贸流通产业的总效应、直接效应及间接效应。③利用地理加权回归(GWR)模型探析区域商贸流通产业的空间异质性。通过权重函数及带宽的选择,以地理加权回归模型来揭示主要年度区域商贸流通产业发展及其影响因素的空间异质性。④测算长三角地区商贸流通产业的空间集聚特征。基于 2005—2015 年长三角地区 26 个地级以上城市的面板数据,对长

―――――――――

①　这里指不含港澳台地区的我国国内 31 个省区市,全书同指。

三角地区商贸流通产业的空间分布特征进行分析,利用 CR 指标、区位熵、HHI 指数等来测度长三角地区商贸流通产业的空间集聚特征。⑤利用空间面板模型开展对长三角城市商贸流通产业空间溢出效应的实证分析。在探索性分析的基础上,构建面板模型及空间滞后面板模型,对长三角城市商贸流通产业的影响因素及空间溢出效应进行实证研究。

基于省级商贸流通产业的实证研究结果,得到以下主要结论:①2005—2015 年的全域 Moran's I 指数显著为正,表明区域商贸流通产业具有明显的空间正相关性。商贸流通产业的高低集聚现象在地区之间分异明显,东部地区和东北地区呈现出显著的高高集聚现象,中部地区和西部地区则表现出低低集聚现象。②空间杜宾模型的估计结果表明,区域商贸流通产业具有显著的正向空间溢出效应。对外开放程度、流通产业固定资产投资和政府干预对周边地区具有显著的正向影响,而城市化水平、产业结构及交通基础设施对周边地区具有显著的负向影响。③GWR 模型的估计结果显示,区域商贸流通产业的发展呈现出空间异质性特征。城市化水平对地区商贸流通产业的发展存在显著影响,但影响程度具有地区差异性,对外开放程度等控制变量仅对部分地区商贸流通产业发展水平存在显著影响。

2016 年国务院批准通过了《长江三角洲城市群发展规划》,长三角城市群包括:上海,江苏省的南京、无锡、常州、苏州、南通、盐城、扬州、镇江、泰州,浙江省的杭州、宁波、舟山、台州、嘉兴、湖州、绍兴、金华,安徽省的合肥、芜湖、池州、宣城、铜陵、马鞍山、安庆、滁州等 26 个市。长三角城市群作为"一带一路"与长江经济带的交会地带,是中国参与国际竞争的重要平台,是社会经济发展的重要引擎,也是引领长江经济带发展的区域,是中国城镇化水平最高的地区之一,在国家现代化建设和全方位开放格局中起着举足轻重的作用。

基于长三角城市商贸流通产业的实证分析表明:①长三角城市商贸流通产业的集聚度呈现先升后降的趋势。2005—2015 年长三角城市商贸流通产业的空间集聚测度结果显示,2010 年前表现出集中式集聚效应,2010年后表现出离散型的集聚趋势,空间集聚趋势呈现出倒U形特征;从商贸流通产业重心的变化情况来看,其重心首先向东北偏移,接着向西南方向回落,但总体呈现向北偏转,表明江苏省的城市商贸流通产业的发展情况优于浙江省。②长三角城市商贸流通产业体现出全局空间自相关性和局部空间集聚特征。依据全局空间自相关分析,发现长三角城市商贸流通产业存在空间关联性,且呈现正向的空间集聚效应;局部空间自相关分析结果显示,江苏省南部和浙江省北部城市呈高高空间集聚特征,而安徽省的部分城市则呈现出显著的低低空间集聚特征。③长三角城市商贸流通产业的空间溢出效应明显。为进一步考察长三角城市商贸流通产业发展空间效应,在分析长三角城市商贸流通产业发展影响因素的基础上,建立具有个体固定效应的空间面板模型开展实证分析,估计结果显示,城市之间商贸流通产业的空间溢出效应显著。④不同规模城市的商贸流通产业的空间溢出效应具有稳健性。按城市规模对长三角城市进行分类,进一步考察各因素对不同规模城市商贸流通产业的影响效应。结果显示,不同规模的长三角城市商贸流通产业的空间溢出效应都较明显。⑤不同规模城市的变量影响效应存在差异性。在所有解释变量中,产业结构对不同规模城市的商贸流通产业的影响作用类似,专业化水平的促进作用与城市规模呈正相关,城镇化水平的推动作用与城市规模呈负相关,商贸投资对中等规模城市的商贸流通产业的促进作用最强,而劳动从业人员则对小规模城市商贸流通产业的促进作用明显。

根据研究结论,本书提出若干对策建议:①从户籍制度改革方面进一步推进城市化进程;②加强国际合作,扩大商贸流通产业对外开放程度;③优化商贸流通产业的内部结构,加大人力资本投入;④支持政府因地制宜的适当引导政策;⑤加强不同规模城市间的联系,鼓励企业间的沟通交流,完善商贸流通产业体系。

# 目 录

# 第一章 绪 论

## 第一节 研究背景及意义

### 一、研究背景

商贸流通产业是国民经济的重要组成部分,也是衔接生产与消费的纽带,其能够直观反映一个地区的经济发展水平及社会繁荣程度。2005 年 4 月,第一次全国流通工作会议在北京召开,旨在促进全国流通现代化工作,推动商贸流通业更加健康快速发展;2012 年 8 月,国务院颁布了《关于深化流通体制改革 加快流通产业发展的意见》,指明了我国流通产业的发展方向,明确流通产业发展的主要任务,提出了促进流通产业健康发展的保障措施。 2016 年,商务部等 10 部门联合发布《国内贸易流通"十三五"发展规划》,对于建设法治化的营商环境和流通机制、加速我国向流通强国转变具有重要意义。

"十三五"期间,新兴信息技术层出不穷,大数据、云计算和物联网等快速发展并得到广泛应用,这极大地提升了商贸流通产业的信息化水平。 "一带一路"建设、长江经济带发展、京津冀协同发展、长三角一体化战略等的全面实施,在优化区域经济发展格局的同时,为形成大市场、大流通创造了优越条件。 创新驱动战略的深入实施,有效地提升了市场活力,增强了商贸流通产业发展的动力。 新型城镇化进程的快速推进，城乡差距的缩小和城乡一体化水平的提高，也有效拓展了商贸流通产业的发展空间。

随着物流产业和信息技术的发展，规模化、专业化、功能化的商贸流通产业发展模式逐渐形成，其通过提供低成本的服务来实现消费和生产的衔接。 国家统计局数据显示，2016 年我国社会消费品零售总额为 332 316.3 亿元，比 2015 年名义增长 10.4%。 2016 年，最终消费支出对经济增长的贡献率达到 64.6%，比 2015 年高出 4.9 个百分点，比 2014 年高出 15.8 个百分点。 可见，商贸流通产业的快速健康发展对生产和消费起到积极的引导作用，有利于促进国民经济的稳定增长。

在生产要素自由流动和地区流通产业紧密联系的背景下，区域商贸流通产业的发展不仅受到本地区内在因素的影响，还受到来自周边地区商贸流通产业空间溢出效应的影响。 伴随着经济全球化和区域经济一体化进程的加快，区域商贸流通产业的空间集聚和溢出效应日益明显，故探讨和解析我国区域商贸流通产业的空间格局及空间溢出效应，有利于深层次把握其发展的内在机制，推动商贸流通产业高质量发展。

## 二、研究意义

### (一)理论意义

已有的关于区域商贸流通产业空间特征的研究相对较少，而商贸流通产业对国民经济发展具有基础性和先导性的作用。 对于商贸流通产业空间格局及空间溢出效应的解析能够成为推动区域经济协调发展的一个新切入点，有利于丰富区域商贸流通产业发展理论。

从空间分布视角考察区域商贸流通产业之间的空间依赖性，考虑自变量和因变量的空间依赖性，通过构建空间杜宾模型来探究各影响因素对商贸流通产业的直接效应与间接效应，并将商贸流通产业的空间溢出效应细化为东部、中部、西部及东北等四大地区，研究层级更为细致，有利于深入认识地区商贸流通产业的空间格局及特征。

由于地理位置的差异性,自然资源、政策支持等空间分布的不均匀性,地区的要素表现呈现出不均衡现象,地区商贸流通产业发展水平在空间分布上存在异质性。通过建立 GWR 模型,有效处理地区数据不平稳问题,使得模型估计结果具有更好的解释力度。

以往研究多关注劳动力、投资、地理状况等因素对区域商贸流通产业的影响,本研究考察商贸流通产业的专业化水平和集聚性对产业发展的促进效应,有利于充分认识产业集聚对于经济发展效率的提升作用,以推动经济高质量发展。

**(二)实际意义**

在商贸流通产业的集聚发展过程中,因为规模经济效应及区域间的分工协作,发展的成本更低,生产效率更高,竞争性更强,创新意愿也更强。对区域商贸流通产业的空间集聚程度进行测度,能够直观反映商贸流通产业的空间分布,同时结合各因素对商贸流通产业的影响效应,能够有针对性地指导各类集聚区域商贸流通产业的协同发展。

采用探索性空间统计方法对区域商贸流通产业的空间关联性进行测度,能够从空间视角发现区域商贸流通产业的分布特征,以及与周边地区商贸流通产业的联系;利用空间计量模型拓展对区域商贸流通产业溢出效应的研究,使分析结论具有更高的可靠性,这有利于各个省、自治区、直辖市制定有效的商贸流通产业发展战略,促进中国商贸流通产业的高质量发展。

以全国 31 个省区市为单位,采用 GWR 模型对区域商贸流通产业进行异质性分析,考察同一影响因素对不同区域影响的差异性,为各区域根据当地流通产业发展的实际情况制定适宜的商贸流通产业发展战略提供参考依据,这对于缩小区域商贸流通产业发展差异、促进区域商贸流通产业协调发展具有现实意义。

## 第二节  文献综述

### 一、商贸流通产业概念界定

商贸流通产业是一个综合性的产业，在国民经济中涉及的范围较为广泛，学术界尚未对商贸流通产业做出统一的界定。由于欧美发达国家的社会分工较为细化，经济活动具有多样性，学者对商贸流通产业的分类主要以服务业、物流业和零售业等多个细分产业的分类来界定。日本流通统计部从狭义和广义的角度对商贸流通产业进行了界定，认为狭义的商贸流通产业仅指商品流通和物质流通，而广义的商贸流通产业包括直接流通和信息、金融流通等方面。

理论界对商贸流通产业的概念存在很大争议。部分学者从商品和商业交换的渠道对商贸流通产业的概念进行了界定：余国锋（2005）把与商品流通和商业有直接关系的产业，或者为商品流通和商业提供基础服务的产业称为商贸流通产业。洪涛（2007）认为，现代商贸流通业的经营对象包括实物商品和服务商品。王世进（2013）把商贸流通产业归结为从事商品流通的行业及为商品流通提供服务的行业。部分学者则从商贸流通产业的行业性质进行定义：乔均（2000）指出，商贸流通产业包括一般性流通商业（零售业、批发业、外贸业和饮食业）和专门为流通商业服务的行业（运输业、包装业、仓储业和物资供销业等）两个部分。金永生（2004）把从事商品流通的企业与为商品流通企业服务的企业定义为商贸流通产业。夏春玉（2009）认为，商贸流通产业是指专门以商品流通为经营内容的营利性行业。王锦良（2012）提出流通产业具体包括专门从事商品流通的行业和为商品流通服务的行业两部分，但不包括教育、科研、社会福利、公共管理与社会组织等与物质产品流通过程无关、不直接行使经济职能的相关行业。范荣华

（2017）从广义和狭义两个方面定义商贸流通产业：广义的商贸流通产业是指商品所有者一切贸易关系的总和，是商流、物流、信息流和资金流的集合，包括批发、零售、物流、餐饮、信息和金融等诸多行业；狭义的商贸流通产业仅仅指批发、零售、餐饮和物流行业。

商贸流通产业是流通领域所包含的所有产业，是一个完整的产业规模和产业体系，包括整个资金与信息的流通，覆盖了大部分的服务产业，主要有交通配送业、流通仓储业及其他相关行业（林文益，1992；张绪昌，1996）。在陈阿兴（2004）研究的基础上，王月辉（2006）将商贸流通产业分成三大类，即流通专门产业、与流通相关联的产业及流通领域周边产业。 Rauch & Trindade（2006）将信息经济学引入商贸流通业领域，探究了流通产业在商品最终贸易实现上的作用。 综合以上观点，我们认为，广义的商贸流通产业包括所有商品贸易的内容，是物流、商流和信息流的集合，主要包括交通物流、批发零售、住宿餐饮及信息和金融等多个行业；狭义的商贸流通产业的范围则相对要小，仅包括物流、批发、零售及餐饮等 4 个行业。

2004 年商务部公布了《流通业改革发展纲要》，其中涉及的商贸流通产业主要是指批发零售业、餐饮业、物流业及居民服务业。我国正处于从传统的商贸流通产业向现代化商贸流通产业转型的发展阶段，根据目前实施的行业分类标准——《国民经济行业分类》（GB/T 4754—2002），商贸流通产业主要包括交通运输、仓储和邮政业、批发和零售业、住宿和餐饮业及居民服务业。 此外，商品物流业包含于交通运输、仓储和邮政业，电子商务包含在信息传输、软件和信息技术服务业当中。 根据最新的标准，再结合区域社会经济发展实际及相关指标数据的现实可得性，本书界定的商贸流通产业的范围主要为交通运输、仓储和邮政、批发零售、住宿和餐饮业。

## 二、商贸流通产业的地位及作用

关于商贸流通产业的定位，国内外学者进行了大量论述，主要包括流通基础产业论、流通先导产业论、流通战略论等观点（张连刚、李兴蓉，2010），2000 年后"流通公益性"观点则引起学术界的关注。

一种观点认为，商贸流通产业是国民经济的基础产业。黄国雄（2005）提出，商贸流通产业是商业社会的基础；洪涛（2007）从商贸流通产业为社会提供产品与服务等 13 个方面分析认为，流通产业是国民经济的基础产业；柳思维（2007）认为，商贸流通产业是第三产业的基础部门，其对劳动力吸附性较强，第三产业规模不断扩大决定了商贸流通产业在我国产业结构调整及优化过程中起到十分重要的作用；贾志芳和王金曼（2013）认为，商贸流通产业影响着经济产业链的运行，具有引导市场发展的重要作用，是国民经济的基础型产业。

部分学者指出，商贸流通产业是国民经济的先导产业（朱发仓、苏为华，2007）。程瑞芳（2002）认为，商贸流通行业的先导性主要体现在商品流通既能够满足消费者需求，又能够引导和创造新的需求；王先庆和房永辉（2007）认为，伴随着工业化的深入发展，商贸流通产业的先导性越来越强；赵娴（2007）提出，流通能够决定生产，带动国民经济发展，经济运行过程中商贸流通产业也必然发挥着先导作用；高铁生（2011）从服务的高效性来解读流通产业的先导作用，同时指出流通衔接着消费端与生产端，并引导生产满足需求；王秋颖和李昂（2017）认为，流通产业在社会经济运行过程中对经济增长具有重要的拉动作用，在经济运行中往往被定位为基础产业、先导产业和战略产业。

从产业竞争力来看，商贸流通产业往往被看作一个战略性产业（冉净斐、文启湘，2005）。曹金栋和杨忠于（2005）根据战略性产业标准对我国商贸流通产业的战略性地位进行了分析，提出应该通过提升商贸流通业的战略性来改变商贸流通业是各大产业发展的"附庸"产业这一属性，应该优先发展商贸流通产业。

依绍华和廖斌（2014）则认为，商贸流通产业所体现出的基础性、先导性、公益性等特征并不是独立的，公益性的发展离不开基础性和先导性。随着经济发展水平的提高，商贸流通产业承担着基础产业、先导性产业职能的同时，也具有越来越多的社会功能。 马龙龙和陶婷婷（2016）指出，在流通产业的基础性、先导性及战略性理论提出后，其公益性也成为商贸流通研究中的一个热议话题，而我国商贸流通产业公益性产品还面临着供需不平衡、基础设施不完善、管理机制匮乏等问题（刘雅婧，2017）。

### 三、商贸流通产业发展的实证研究

有关商贸流通产业实证分析的文献较多，概括起来主要包括商贸流通产业竞争力研究、商贸流通产业影响因素研究、商贸流通产业与经济增长的关系研究、商贸流通产业发展方式转变研究及商贸流通产业集聚的影响因素研究等方面。

纪宝成（2010）从微观和宏观方面详细阐述了流通产业竞争力的内涵，认为流通产业竞争力能反映出一个国家的竞争力。 刘根荣和付煜（2011）根据因子分析法重新设计了一套指标体系分析我国流通产业的区域竞争力。 随后，刘根荣（2014）运用全局主成分分析法测评我国 31 个省区市流通产业的效率竞争力、结构竞争力、规模竞争力和综合竞争力。

季模模和孙敬水（2009）采用面板计量模型探讨了我国区域流通业发展的影响因素，得出城市化、市场化和对外开放度的不同均会影响流通产业的发展，但同一因素对不同地区的影响存在区域差异；曾庆均（2013）利用市场化指数、城市化水平等因素，对西部流通产业发展的内部差异进行了实证分析；杨敏茹（2016）基于因子分析方法，分析了区域流通产业发展差异化的影响因素，发现各地区的商贸流通产业发展并不均衡。

部分学者利用计量分析方法，考察各地区的商贸流通产业发展水平对区域经济增长的影响，得出两者之间存在长期均衡的关系，区域流通产业的发展能够促进经济增长，但是这种促进作用存在明显的地区差异（王锦良、宋国宇，2011）。 曾银娥（2016）通过面板平稳性检验、协整检验和判别检验构建了随机效应模型，来分析

31 个省区市流通产业对经济增长的影响，发现流通产业能够较好地促进经济增长。胡永仕、许明星（2015）分析了福建省流通产业与经济增长的关联性，得出流通产业与当地经济增长具有正向关联性，流通产业发展是经济增长的格兰杰原因。

对现阶段我国商贸流通产业发展方式进行分析，结果显示，促进商贸流通产业发展要特别注重资本投入，尤其是人力资本的投入，这是促进商贸流通产业由粗放式增长向集约式增长转变的一种有效手段（任保平，2012）。张志敏（2015）采用新的指标体系来探讨我国流通产业发展方式转变与信息化水平之间的关系，发现两者存在短期的均衡修正机制和长期稳定的平衡关系，且具有时间滞后性。董誉文（2016）采用 DEA-Malmquist 指数法和索洛余值法分析我国商贸流通产业的增长方式，结果显示，我国商贸流通产业仍呈现出粗放型的增长方式，政府应通过提高人力资本素质、推进技术研发、优化投入结构等方法，来促进商贸流通产业从"要素驱动"转换为"效率驱动"。

学者们还从不同角度采用不同方法来分析影响商贸流通产业集聚的因素。王铮（2005）分析了人力资本、社会资本、知识及商贸环境等因素对产业集聚效应的影响效应，结果显示，人力资本、知识环境在形成产业集聚过程中起到决定性作用，商品供应环节、商贸环境及整体的交通体系则对区域产业的集聚起到了辅助作用。司曾棹（2011）利用灰色关联模型分析发现，公路交通等基础设施是商贸流通产业发展的基础，与区域商贸流通产业具有较强的关联性，认为发展商贸流通产业的首要条件是加强公路交通等基础设施建设。随着市场的细化和信息技术的发展，推动商贸流通产业不断集聚的原因从简单的外部因素激励逐步向集群内部相互强化转移，且随着市场的成熟发展、虚拟技术的进步和物流成本的下降，虚拟空间中流通产业集群效果会进一步深化（李玉清，2015）。徐丽（2015）运用面板数据模型来探析影响长江经济带商贸流通产业集聚的因素，以长江经济带商贸流通产业的整体得分为因变量，实证分析后结果表明，除了信息化水平外，人均 GDP、人均财政支出、固定资产投资率及劳动生产率等都具有显著的影响效应。 杜洁思（2016）运用截面数据计量模型来分析影响长江经济带商贸流通产业整体竞争水平的因素，实证结果表明，各省份的城镇居民可支配收入、公路线路里程及邮局数量为显著影响变量。

## 四、商贸流通产业的溢出效应研究

Marshall 于 1890 年在其经典著作《经济学原理》中，最早提出知识溢出的思想。 他指出，溢出效应是指某项活动除本身产生的收益外，还具有外部收益，这种外部收益是活动主体的额外收益。 商贸流通产业的溢出效应，主要通过调整产业结构和劳动力供求等渠道对一系列经济指标产生作用（李书勇，2014）。 李先玲和童光荣（2014）借鉴中国人民大学流通研究中心定义流通辐射效应的思想，将商贸流通产业的溢出效应定义为城市地区的流通体系对其他地区的促进、拉动和流通支撑作用，反映了城市地区流通产业的水平和能力。 余臻蔚（2017）认为，商贸流通产业的溢出效应，是指流通产业的发展情况不仅对流通产业本身产生影响，而且对流通产业以外的其他方面产生重要影响。

冉净斐（2005）利用非德模型对我国商贸流通产业的外溢效应进行测度，结果表明，流通部门的发展确实对非流通部门产生外溢效应。 赵萍（2007）分析流通服务业对国民经济的直接与间接贡献，发现流通服务业对经济增长具有显著的外溢作用，流通服务业对宏观经济的贡献力、对区域经济的辐射力、对上游产业的控制力及对消费的服务力，使其在宏观经济中稳居基础产业地位。 中国社会科学院课题组（2008）研究后发现，商贸流通服务业的外溢效应体现在提高国民经济运行质量、优化国民经济流程、调整国民经济结构、扩大国内需求、增进社会总福利等全局性的潜移默化的影响方面。 李晓慧（2011）利用省级面板数据进行实证检验，结果表明，商贸流通产业对经济增长具有显著的溢出效应，且流通部门的效率低于非流通部门。 袁平红（2012）以中国海岸带城市群为研究对象，用流通密度、流通规模和流通结构来刻画流通产业的溢出效应，发现流通密度和流通结构对海岸带城市群的经济集聚具有正向溢出效应，但流通规模未显示出积极的促进作用。曹允春和王曼曼（2017）借鉴 Feder 模型的思想，将国民经济划分为商贸流通部门和非商贸流通部门，发现商贸流通产业不仅通过直接拉动国内生产总值的方式带动国民经济增长，也通过对其他部门的溢出效应间接拉动经济增长。田华（2017）通过分析发现，流通产业发展对第三产业经济的发展产生直接影响，同时流通产业通过外溢效应对经济增长产生间接的促进作用。

空间计量经济学认为，现实中的地区经济数据观测值并非完全独立，地理数据普遍存在空间自相关性。因此一个地区的经济或产业发展，会对周边地区产生影响，这种影响效应通常被称为空间溢出效应。Cohen（2009）使用县级数据，分析了港口基础设施投资对加州零售业的影响，并把加州和邻县的港口基础设施水平作为生产函数的变量，发现存在显著的空间自相关性，表明港口基础设施对邻近县的零售业有明显的正向溢出效应。王恒玉（2016）借鉴菲德模型测度我国信息产业发展对各省流通部门的溢出效应，表明信息产业对各省区域流通部门具有显著的正向溢出效应。余臻蔚（2017）研究了商贸流通产业的溢出效应对城乡收入差距的影响机理，发现商贸流通产业的溢出效应主要体现为物流溢出效应、商流溢出效应、资金流溢出效应及信息流溢出效应。艾麦提江·阿布都哈力克（2017）利用空间杜宾模型，以城市化为调节因素，研究"一带一路"沿线地区商贸流通产业专业化对经济增长方式转变的影响效应，发现"一带"沿线地区商贸流通产业专业化对经济增长集约化所产生的积极的本地效应和空间溢出效应明显高于"一路"沿线地区。俞超和任阳军（2017）运用超效率 DEA 模型测算我国省级商贸流通产业的效率，并借助空间杜宾模型分析区域商贸流通产业效率的空间溢出效应及其影响因素，认为产业结构、市场化水平、对外开放水平、城市化水平对商贸流通产业效率具有正向促进作用。

**五、文献评述**

通过对文献的梳理，本书发现商贸流通产业发展问题已引起学者们的广泛关注，但以下几方面仍存在进一步拓展的空间。 第一，学者的研究主要集中于商贸流通产业的竞争力问题、商贸流通产业的影响因素、商贸流通产业与经济增长的关系及商贸流通产业转变方式等方面，从空间溢出效应角度探析商贸流通产业活动产生外部效应的文献还相对较少。 第二，大部分学者所采用的分析方法以描述性分析、传统计量分析为主，运用空间统计方法来探究区域商贸流通产业的空间分布及与周边地区商贸流通产业关系的文献还较少。 第三，对商贸流通产业的分析多停留于省份层面或区域层面，较少细化到地级市或县（市）层面，多只是对商贸流通产业中的一两个行业进行分析，对商贸流通产业的整体分析较少。 因此，有必要在开展区域商贸流通产业空间集聚测度的基础上，采用空间统计方法从空间依赖性和异质性角度，对省级层面和城市层面的商贸流通产业发展空间分布及格局、空间溢出效应进行深入探究，并结合分析结论提出有针对性的对策建议，以推动商贸流通产业高质量发展。

# 第三节 研究内容及框架

为探究我国区域商贸流通产业的空间格局及空间溢出效应，需首先明确商贸流通产业的内涵及空间溢出的内在机制，因此在梳理商贸流通产业的空间集聚理论、空间关联及溢出机制的基础上，本书通过 GeoDa 和 MATLAB 等软件对 2005—2015 年我国 31 个省区市和长三角地级以上城市商贸流通产业的空间集聚特征进行探索性分析，构建空间计量模型和地理加权回归模型，分析区域商贸流通产业发展的空间关联性、异质性及空间溢出效应。

## 一、研究内容

本书由八章内容组成，各章的主要内容如下。

第一章，绪论。介绍本研究的背景、理论意义与实际意义，文献综述（国内外研究情况、已有的学术成果），研究思路及框架（论文研究思路、基本框架）和创新点。

第二章，区域商贸流通产业空间集聚及空间溢出机制。首先介绍产业空间集聚理论；其次对空间关联和溢出效应的概念、作用原理进行详细的阐述，并探讨区域商贸流通产业空间关联和溢出效应的作用机制与实现路径；最后阐述区域商贸流通产业发展的影响因素及其演进机制。

第三章，省级商贸流通产业的空间分布特征。对省级商贸流通产业的空间结构和发展现状进行分析，从全局和局部两个角度对省级商贸流通产业的增加值进行探索性空间统计分析，了解省级商贸流通产业的空间关联性。

第四章，省级商贸流通产业空间溢出效应的实证分析。选取能够影响商贸流通产业的指标，构建空间杜宾模型，从时空与要素空间滞后角度对商贸流通产业空间溢出效应进行测度。然后，运用偏微分方法分解各影响因素的直接、间接和总效应。最后，将全国各省份划分为东部、中部、西部及东北部地区，对商贸流通产业空间溢出效应的区域差异进行深入分析。

第五章，省级商贸流通产业的空间异质性分析。首先介绍空间异质性测度方法、GWR 模型空间权重函数及带宽的选择方法；然后对 GWR 模型的实证结果进行检验与分析。最后通过 $R^2$、AIC 值、残差平方和等指标，对 GWR 模型与 OLS 模型进行对比分析，验证 GWR 模型的拟合程度与 OLS 模型相比是否有显著提高。

第六章，长三角城市商贸流通产业的空间集聚测度。先描述长三角城市商贸流通产业的空间分布情况，接着对长三角城市商贸流通产业的增加值进行探索性空间统计分析，包括全局和局部的空间自相关分析，并应用各种衡量空间集聚度的方法对长三角城市商贸流通产业的空间集聚特征进行测度。

第七章，长三角城市商贸流通产业的空间溢出效应。建立面板模型来研究各变量对长三角城市商贸流通产业发展的影响，对各种模型进行检验，找出适合的估计模型。考虑到城市间的空间关联性，建立空间面板模型分析地市间商贸流通产业的空间溢出效应，并深入解析各变量对不同规模城市的商贸流通产业的影响效应。

第八章，总结与展望。总结实证研究所得到的主要结论，并根据相关结论提出促进区域商贸流通产业发展的政策建议。同时，指出本书研究过程中的不足，并为今后的研究明确方向。

## 二、基本框架

本书研究内容的基本框架，如图 1-1 所示。

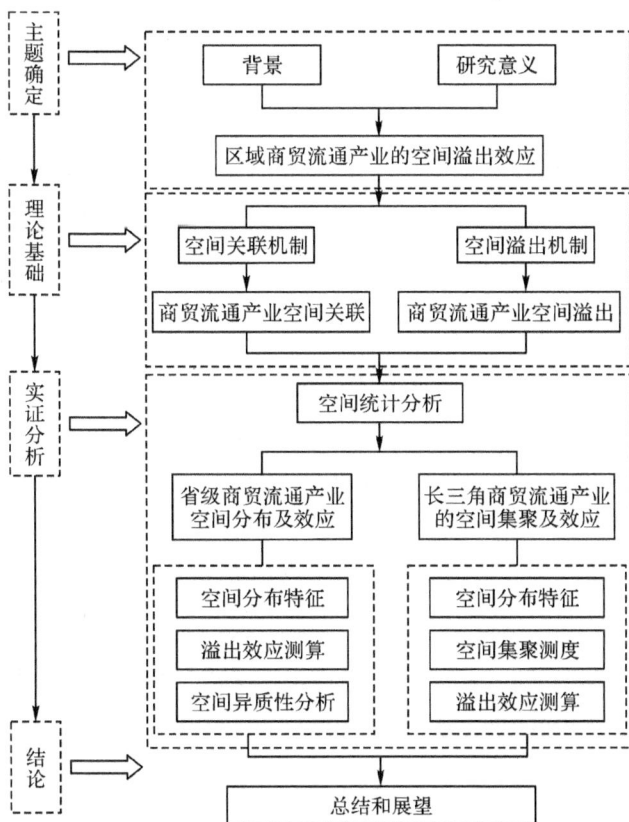

**图 1-1 基本框架**

# 第四节　创新点

本书在已有文献的基础上得到一些启示，有以下几点创新。

第一，使用二进制空间邻接矩阵作为空间权重矩阵容易导致模型估计结果有偏及非有效，合理的权重设定能够准确地衡量区域商贸流通产业的空间溢出效应。区别于现有大部分文献的设定方式，本书采用地理距离与经济距离相结合的嵌套空间权重，这不仅考虑了地理位置上的相邻性，还考虑了区间经济因素的依赖性，以此来保证研究结论具有一定的稳健性。

第二，本书运用多种方法来测度长三角城市商贸流通产业的集中度，包括传统产业集聚方法，如行业集中率（CR）、区位熵、赫芬达尔-赫希曼指数；另外还考虑了空间因素影响的方法，如利用空间基尼系数、Moran's I 指数及标准差椭圆等方法，从多角度分析长三角城市商贸流通产业的集聚度，从而使结论更为全面和准确。

第三，本书构建的空间杜宾模型同时将人均流通产业增加值和城市化水平、对外开放程度等变量归纳为空间影响因素，突破了空间影响因素为单一解释变量或被解释变量的限制。通过偏微分方法分解出溢出效应，从总效应、直接效应和间接效应 3 个角度探究各因素对商贸流通产业的影响程度，测度的空间溢出效应具有更高的准确性。

第四，本书选取 GWR 模型来刻画商贸流通产业的空间异质性。考虑到不同地区具有地区差异，同一种解释变量处于不同地区具有不同的地区属性，且传统线性回归模型很难解释这种差异性，本书以 GWR 模型进行截面分析，可以看出某一时间的地区差异性。另外，本书选取 3 年的截面数据进行分析结果比较，发现随着时间的变化区域差异的变动趋势。

# 第二章 区域商贸流通产业空间集聚及空间溢出机制

## 第一节 区域商贸流通的产业集聚机制

### 一、产业集聚理论

亚当·斯密（1776）最早从合作分工的角度对集聚现象进行了描述，指出集聚是具有分工性质的中小企业为了生产同一最终产品而组成的群体。 阿尔弗雷德·马歇尔（1920）开展了产业集聚的基础性理论研究，认为产业空间集聚是为了获取外部规模经济。 随后，产业集聚问题的研究逐渐成为区域经济研究的重点领域。 20 世纪七八十年代，世界范围内掀起关注产业集聚的第一波高潮，出现了众多关于产业集聚的理论，如工业区位理论、增长极理论、创新理论和新经济地理学等。 综观众多的产业集聚理论，可从交易成本理论、空间区位竞争理论和新经济地理理论探析产业集聚的内在机理。

#### （一）交易成本理论

交易成本理论，又称交易费用理论，由新制度经济学派代表人物罗纳德·哈里·科斯（R. H. Coase）于 1937 年在《企业的性质》一文中提出。 所谓交易费用，是指企业用于寻找交易对象、订立合同、执行交易、洽谈交易、监督交易等方面的费用与支出，主要由搜索成本、谈判成本、签约成本与监督成本构成。企业产生的原因正是企业组织劳动分工的交易费用低于市场组织劳动分工的费用，因为企业可以运用收购、兼并、重组等资本运营方式将市场内部化，消除由市场不确定性所带来的风险，从而降低交易费用。交易成本理论认为，企业和市场是两种可以相互替代的资源配置机制，企业只有在执行协调功能的成本低于市场交易成本，并低于其他企业所花费的成本时，才能继续存在。显然，为了建立一个有效率的经济体系，不仅需要市场，而且需要适度规模的组织内计划。

在科斯（1937）提出交易费用概念后，经济学家威廉姆森（Williamson，1977）进一步对交易费用理论进行了拓展和完善，从交易的不确定性、交易频率和资产专用性3个角度来解释经济组织结构的决定。他认为，当交易不确定性、交易频率和资产专用性程度都处于较低水平状态时，市场是有效率的协调手段；在三者均处于较高水平状态时，用企业组织结构去代替市场则是有效率的组织选择；而当三者共同处于中间水平状态时，双边、多边和混合型中间组织形态是最有效率的组织结构。

继科斯和威廉姆森之后，艾伦·斯科特（Allen J. Scott）将交易费用理论引入城市和区域规划，认为企业集聚的形成是企业对内部和外部交易成本进行抉择的结果，也是"企业垂直分离"空间经济的结果。在社会劳动分工日益细化的情况下，企业间的交易频率会增加、交易费用会上升，而交易成本与空间距离呈正相关关系，所以企业倾向于近距离寻找交易伙伴，从而形成众多企业在一定区域内集聚的产业集聚现象。

## （二）空间区位竞争理论

霍特林（Hotelling，1929）较早对厂商的空间地理区位问题进行了研究，从厂商的不同地理位置出发，首次建立了一个线性市场上的双寡头厂商定位模型。在这一市场中，两个厂商向消费者出售相同的产品，消费者到厂商的交通成本是厂商与消费者之间距离的线性函数，在没有价格竞争（每一个厂商都以边际成本定价）的情况下，每一个消费者都会到离自己距离最近的厂商处去购买产品，厂商为了追求利润最大化，都倾向于聚集到市场中心。霍特林模型展示了不同产品的空间特性对消费者购买行为的吸引力，从消费需求的角度说明企业集聚的内在机理。为了更清晰地认识霍特林模型的内涵，根据其假设，以图 2-1 的线性空间进行说明。

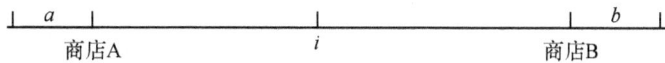

图 2-1　霍特林模型

为了便于分析，模型假设：①城市只有一条街道，其长度为 1，且消费者均匀分布于该街道上；②两个商店（商店 A 和商店 B）销售相同的产品，经营成本为零，商店 A 的初始位置为 $a$，商店 B 的初始位置为 $1-b$，$a \geqslant 0$，$b \geqslant 0$ 且 $a \leqslant 1-b$；③消费需求为单位需求，且消费者只就近购买；④运输成本 $T(c) = c \times d$，其中 $c$ 为单位交通成本，$d$ 是消费者到商店的距离；⑤商店 A 和 B 的商品价格为 $P_A$ 和 $P_B$。

定义消费者 $x$ 到商店 A 和 B 购买商品的效用函数为

$$U_A = -P_A - c(x-a) \tag{2-1}$$

$$U_B = -P_B - c(1-x-b) \tag{2-2}$$

定义消费者 $i$ 到商店 A 和 B 购买商品的效用无差异，即 $-P_A - c(i-a) = -P_B - c(1-i-b)$。

因此，可认为位于 $i$ 到商店 A 之间及 A 左侧的所有消费者都会选择到 A 商店购买，位于 $i$ 到商店 B 之间及 B 右侧的所有消费者都会选择到 B 商店购买。

依效用无差异条件，可以计算出商店 A、B 的利润分别为

$$\pi_A(P_A, P_B) = (P_B P_A - P_A\text{^}2)/2c + (1-b+a)P_A/2 \tag{2-3}$$

$$\pi_B(P_A, P_B) = (P_B P_A - P_B\text{^}2)/2c + (1-a+b)P_B/2 \tag{2-4}$$

从式（2-3）和式（2-4）可以看出，在商品价格不变的条件下，商店 A 的利润与 $a$ 成正相关关系，商店 B 的利润与 $b$ 成正相关关

系。 因此，在竞争者位置给定的情况下，向竞争者所在位置方向移动，会提高经营利润。 假设商店 A 位移至商店 B 的左侧，那么就会占有新位置左侧所有消费者，同样商店 B 看到这种情况也会选择去商店 A 的右侧，如此循环反复，直到商店 A、B 集中在街道的正中心位置（$i$）时，选址博弈才结束。 此时，两商店的消费者数量各占一半，由此形成了企业集聚。

尽管霍特林揭开了厂商空间区位竞争理论的神秘面纱，但由于其假设条件极其严苛，其结论与现实相差甚远，理论对于现实的解释力就大打折扣。 因此，广大学者开始从多个角度对霍特林模型的假设条件进行放宽，如引入价格竞争、多个博弈方及其合谋行为、多维产品特征空间，放宽对消费者的相关假定等，使得空间区位竞争理论与现实更加接近。

## （三）新经济地理学

克鲁格曼（Krugman，1991）在《收益递增与经济地理》一文中对新经济地理学进行了初步探析，以规模报酬递增为理论基础，引入地理区位因素，在 Dixit-Stiglitz 垄断竞争模型的基础上研究规模经济、经济增长、空间结构的经济学机制，逐步形成有关国际经济、区域经济、产业集聚、城市及企业空间分布的新经济地理学体系。 该理论体系中有 3 个比较知名的理论模型："中心－外围"（C-P）模型、城市体系模型及国际模型。

C-P 模型假设经济中仅存在 2 个区域和 2 个部门，且只有两类产品，一类是同质化的农产品，由完全竞争且报酬不变的农业部门生产；另一类是差异化的制造品，由垄断竞争且报酬递增的工业部门生产。 劳动力是两部门唯一的投入资源，农业劳动力不可流动，制造业劳动力可流动；农产品无运输成本，制造品存在运输成本。 随着时间的推移，工业生产活动将趋向空间集聚。 在资源不可流动的假设下，生产总是聚集在最大的市场上，从而使运输成本最小并取得递增报酬。 "中心－外围"模型的意义在于，它可以预测一个经济体中经济地理模式的渐进化过程：初始状态时，一个地区的地理区位可能有某种优势，对另一地区的特定厂商具有一定的吸引力，并导致这些厂商生产区位发生改变。 一旦某个区位形成行业的地理集中，则该地区的聚集经济就迅速发展，并获得地区垄断竞争优势。

城市体系模型是以杜能的"孤立国"为起点，将城市看作制造业的集聚地，并被农业地区包围。 由于经济的发展，经济人口逐渐增多、农业地区边缘与中心的距离逐渐扩大，达到一定程度时，制造业会发生迁移，新的城市就会形成。 当城市数目足够多时，城市规模和城市间的距离会在离心力和向心力的相对均衡下，在某一水平上稳定下来。 若城市经济中有大量规模、运输成本不同的行业，那么城市经济就会形成层级结构。

国际模型主要讨论国际专业化、产业集聚、可贸易中间产品和贸易自由化趋势对一国内部经济地理的影响，主要结论是贸易可以导致内部经济地理重新组织，在促使制造业活动变得更加分散的同时，带来其他产业的集聚。

## 二、商贸流通产业集聚的驱动因素

商贸流通产业集聚区域的存在，首先与其自身的产业特点有关，商贸流通产业具有服务产业、网络产业的经济属性，以及运动性、连续性、延伸性的特点，因此其发展绝非孤立的。 同时，商贸流通产业多是资本密集型和劳动力密集型，因此更容易在资本和劳动力密集的区域产生和发展。

按照生产函数，劳动力和资本的投入与产出呈正比关系，即人力资源和资本投入越多，与其相关的产品和服务的生产量越大，商贸流通产业的发展就越快。 饶雪玲（2017）认为，我国商贸流通产业目前主要依赖于增加资本和劳动力来推动发展，商贸流通产业中的交通运输业、批发零售业和住宿餐饮业都是劳动密集型产业，对劳动力的依赖性较大。 另外，商贸流通产业的固定资产投资主要体现在对产业发展基础设施的建设方面，包括交通运输、存储及市场的建设和改造等方面，这也表明地方政府对发展商贸流通产业的投入力度与重视程度，必然影响到商贸流通产业的发展水平。

我国著名的商贸流通领域专家黄国雄认为，中国的城镇化应该走出一条有自己特色的道路，通过城镇化模式促使人口向城镇集中，从而实现产业集聚。 我国城镇化水平以每年 1.5 个百分点的速度递增，农民进城不只是户籍上的简单转化，同时为商贸流通产业的发展带来了机会与挑战。 一方面，人口的迁移会带来消费方式的转变，从需求角度为商贸流通产业的发展提供了更为广阔的市场环境；另一方面，城市化进程的发展必然带来大量的劳动力，导致社会经济结构的变动，为商贸流通产业的发展提供动力和机遇，同时改善流通方式。

产业结构调整是经济结构转型的体现，指明了产业经济发展的方向。 商贸流通产业作为第三产业的重要组成部分，必然与第三产业在国民经济中的比重密不可分。 第三产业产值比重的增加，意味着当地经济工作的着力点更多地向第三产业转移。 刘增佳（2013）利用空间统计方法探究了商贸流通产业的发展因素，发现产业结构对商贸流通产业产值的增加值存在显著的正向影响，表明产业结构对商贸流通产业的发展起着促进作用。

对外开放程度的提高，意味着对国外市场开拓的深入，更广阔的市场对商贸流通产业的发展起到一定的正向促进作用，同时国际贸易能够引导流通基础设施建设，提高物流效率和流通效率。 徐丽（2014）认为，东部沿海地区交通便利，投资政策也相对开放，外商投资及交易都集中于此，整体环境显然要优于中西部地区。 贾晓燕（2016）认为，东部沿海地区相对于西部地区商贸流通产业发展的优势，不仅受到当地经济和交通的影响，还受到了对外开放程度的影响。 季模模和孙敬水（2009）则从实证的角度，验证了东、中、西部地区的对外开放程度与商贸流通产业产值的增加值之间存在着显著的正相关关系。 故开放程度从理论机制及实证研究方面，都体现出对商贸流通产业的正向促进作用。

商贸流通产业能够基于区位优势、集体协作能力而不断发展，并推动产业集群的升级，同时为产业集群提供包括供求、价格、质量及性能等方面的优势。 基于这些优势，产业集群的升级将进一步推动商贸流通企业专业化水平的提高，协助企业优化产品结构。

# 第二节　区域商贸流通产业的空间关联机制

## 一、空间关联

### (一)空间依赖性

空间依赖性，是指从样本区域 $i$ 地区获得的样本观测值，与在 $j$ 地区获得的样本观测值之间存在相互影响的关系（$i\neq j$）。 用公式表示为

$$y_i = f(y_j), i = 1, 2, \cdots, n, i \neq j \qquad (2\text{-}5)$$

依赖性的作用对象不受限制，可以是两个区域，也可以是多个地区之间同时存在。 样本区域的观测值之所以会产生空间依赖性，主要有两个方面的原因：第一，统计部门获取的样本数据可能存在测量误差；第二，地理经济学关于空间布局、不同地理区域间作用关系的研究显示，邻近地区的观测对象包含着空间依赖性。

### (二)空间异质性

空间异质性的产生是因为观察者所处的观测位置不同，因而观测结果存在差异；换句话说，地理空间分布不匀质从而导致的区域差异。 通常情况下，地区异质性很容易被忽视，人们常常用普通的线性模型来描述变量间的位置关系，表达式为

$$y_i = X_i \beta_i + \varepsilon_i \qquad (2\text{-}6)$$

其中，$X_i$ 表示地区 $i$ 的样本观测值，$\beta_i$ 表示样本估计参数，$\varepsilon_i$ 代表

随机误差项。 将异质性因素纳入公式（2-6）中，一般形式为

$$y_i = f_i(X_i\beta_i + \varepsilon_i) \qquad (2-7)$$

　　根据异质性的表达式，通过回归 $n$ 个样本观测值无法得到唯一的样本估计参数 $\beta$。 带有异质性因素的回归模型，随着地区位置的变化，其函数形式也发生改变。 因此用一个模型函数式来估计不同地区的系数变化，显然行不通。

## 二、区域商贸流通产业的空间关联

　　法国重农学派创始人魁奈在其著作《经济表》中提到了产业关联：在其他因素保持不变的情况下，如何通过流通将具有价值的国民产品进行分配，才能使得它的再生产继续维持。 美国经济学者列昂惕夫基于瓦尔拉斯研究的"一般均衡"理论基础发展了产业关联理论，提出开展生产、消费、流通的整体化研究，并最早提到了流通在经济系统中的作用。 之后，空间经济学的提出使得学者们再次关注商贸流通在经济领域所发挥的作用。

### （一）商贸流通产业的空间依赖性

　　空间经济理论强调，产业的空间集聚离不开市场需求、规模经济及运输成本。 Krugman（1980）提出，相比于周边地区，当本地区的市场需求更多、运输成本更低时，寻求效益的厂商会优先将该地区或者附近地区设置为投资经营地。 Venables（1996）提出，在规模经济递增的驱动下，本地市场效益与上下游产业之间的前后相关联效应密切相关。 假定劳动力的自由流动受到限制，那么上下游产业间的投入产出关系对投资厂商的吸引力将提高。 这种情况促成了区域商贸流通产业的空间集聚，主要途径如下：第一，通过消费者的集聚引起空间关联。 在名义工资不变的条件下，较低的产品价格更能满足消费者的需求，从而带动消费者集聚的趋势；当消费者数量或者潜在消费者的数量增加时，会吸引更多的厂商汇聚，从而扩大产业规模。 第二，商贸流通产业的空间关联伴随着厂商集聚。

当一个地区的产业规模扩大后，专业化市场也会随之出现。厂商不仅能降低成本便捷地获取中间投入产品，还可以降低运输成本获得更大利润。在利润最大化的条件吸引下，更多的产业会集聚于此扩大市场需求，进而加速资产、知识、技术等要素的流动，提供了更多的就业机会，与周边地区的联系也就更加密切。

**（二）商贸流通产业的空间异质性**

首先，商贸流通产业存在空间异质性，离不开其产业特点的影响。商贸流通产业是一个资本和劳务密集型产业，具有较高的资本和劳动力流动性，使得区域商贸流通产业之间存在密切的关系。商贸流通产业的发展会吸引生产资料、劳动资本、知识、技术等要素的转移，进而实现产业规模的扩大化。产业形成集群效应后，生产者可以节约生产成本，实现资源共享，使得经济迅速发展；而其他不具有密集型特征的产业则相对落后，区域异质性逐渐产生。

其次，商贸流通产业存在空间异质性，还与不同地区的地理位置、制度因素、知识水平、技术水平等因素有关，区域差异是多种影响因素共同作用的结果。不同地区的自然条件、物质基础等存在差异，会对商贸流通产业吸引社会资源程度产生一定的影响。优越的地理位置能吸引更多的人才流动、资本投资，这些都是商贸流通产业发展的基础力量。制度因素也是引起商贸流通产业存在空间异质性的一个原因，政策制度、对外开放程度等都包含于制度因素之内。改革开放初期，我国实行由沿海到内陆，优先发展东部地区的政策，使得东部沿海地区得到国家的支持，经济优先发展起来，而中西部地区发展相对缓慢，明显落后于先发展的地区。地方性政策的安排往往能起到对当地流通产业的保护作用，但其也有一定的排外性，不利于商贸流通产业的协调发展，扩大了商贸流通产业的区域差异等。

# 第三节 区域商贸流通产业的空间溢出机制

## 一、空间溢出

Marshall（1890）提出"溢出"概念后，用外部性对溢出的定义进行描述，即在一般经济行为中，供求关系的比例可以决定稀缺资源被使用的数量，外部不经济会导致低效率的产生。溢出效应是指在从事某项活动时，除去自身产生的活动效果外，活动个体还会对其他事物产生影响。换句话说，溢出效应就是某项活动除本身产生的收益外，还具有外部收益，这种外部收益是活动主体的额外收益。因此，一个地区的经济发展会对周边地区产生影响，这种影响即空间溢出效应。

由于空间单元和经济活动之间具有相互促进的关系，产业在空间上的合理分布会影响区域生产力发展，合理的产业分布有利于优化区域之间的要素配置，促进区域经济协调发展。空间相互作用是指区域间的产品、资金、技术和人员等要素的空间流动，有利于加强地区间的联系，又会引起不同地区对资源、人力资本等要素的竞争。但空间相互作用的发生不是无条件的，而是要求具备一定的前提条件：第一，互补性。区域之间有互补性才会发生经济联系，便于信息、技术、资金、劳动力、产品等要素的交流。第二，可达性。受政治、文化、地理距离等因素的影响，可达性与空间距离具有高度相关性，距离越近，可达性越高。另外，文化和政治的相似性也会在一定程度上提高可达性。第三，干扰机会。一个区域往往与多个区域同时存在联系，它们之间存在互补性，干预机会的影响越小，区域间的空间相互作用就越强。

## 二、商贸流通产业的空间溢出机制

商贸流通产业的溢出效应主要包含两类主体，即商贸流通产业溢出方和商贸流通产业溢出的受溢方。首先，溢出方通过调整落后的产业部门，一方面承接更高产业梯度的产业，另一方面向邻近低梯度产业地区进行产业转移。溢出方和受溢方在产业部门的调整和动态优化过程中，结合当地经济发展、基础设施、社会发展情况，形成适合区域发展的产业模式。其次，两个地区之间的经济发展水平和产业梯度差距不能过大。如果溢出方和受溢方的产业梯度差距过大，那么受到资金、基础设施、配套产业等各种因素的影响，受溢方不能很好地承接溢出方的产业部门，这就很好地解释了为什么商贸流通产业间的频繁交流，更多地是发生在产业规模更大的区域之间。

在商贸流通产业的集聚区域，不论是同一产业的内部，还是在有关细分行业之间（如批发零售与交通运输），其所发生的适度市场竞争都有利于企业降低成本，使得企业不断提升技术创新能力，优化产业结构。商贸流通产业的技术壁垒较低，企业在商贸流通方式上的创新容易被其他企业效仿，从而带来同产业企业间的溢出。另外，商贸流通产业中不同行业是相辅相成的，运输、餐饮和零售等在经济流通中密不可分，一个行业的发展能够为相关行业的发展带来动力。比如，现今电子商务的快速发展，促进了物流业的转型和急速发展，这就形成了商贸流通产业内不同行业间的溢出。除了竞争能够带来溢出效应之外，集聚区域内商贸流通产业部门通过协同合作，共同面对区域产业发展的机遇和挑战，产生的外部性将优化商贸流通产业链和产业结构，促进产业的转型升级，确立产业集聚区的优势。同样地，这种溢出效应也适用于产业内和不同产业之间。

商贸流通产业的空间溢出效应是指在商贸流通产业集聚的过程中，会对周边地区产生的外部影响，而且这种影响会随着地理距离的外扩而逐渐减弱。一般来说，产业集聚的溢出效应可以理解为产业集聚的辐射效应，即以一个产业集聚的中心为辐射点，来自中心点的产业集聚向其他区域进行辐射，对它们产生影响的效应。由于各个地区人力资源、地理位置及生产资源分布情况的差异，各个地区产业集聚水平存在差异，产业集聚程度高的区域产业发展速度快，而产业集聚程度低的地方则发展较慢。产业发展速度快的区域则通过各种各样的方式辐射周边地区，最终促进整个区域的发展。同时，某产业的空间集聚效应不仅作用于其所处的产业，还会引起与之相关的产业的发展。

集聚区空间溢出效应的产生是以增长极的形成为基础的，而增长极需要在市场引导和政府支持的双重作用下才能形成；同时，外部资源的引入也是不可或缺的辅助因素。产业集聚在不断成熟的过程中，需要更多的产业资源来满足其发展需求。因此，企业便开始趋向于获取资源、资金、劳动力等更为方便的中心城市，由此形成了产业集聚区。而随着产业集聚区的不断发展，其成熟度越来越高，产业功能趋于完善，产业机构、产业设施及相关产业等也越来越多，便形成了产业集聚中心，其对当地和周边地区的影响程度和范围也日益加深和扩大。当产业集聚中心对周边地区的影响不断加深时，一些优良产业资源便向周边地区扩散，促进了周边区域的经济增长，这是集聚中心辐射能力增强的结果。

影响商贸流通产业空间溢出效应的因素很多，如城市化水平、直接外商投资、对外开放程度、产业结构、基础设施水平、经济政策等。商贸流通产业可以通过市场调节地区间的供求关系，有效控制区域间的价格差异。商贸流通产业还可以通过市场需求直接拉动就业，通过增加就业人口数量来降低失业率；同时，人口的流动促进知识、技术、生产资料等要素的流通，从而带动周边地区商贸流通产业的发展。随着发展的不断深入，商贸流通产业和国民经济中其他相关产业的联系得以不断加强。商贸流通产业不但成为提供中间供给的重要部门，还对相关产业产生一定的中间需求。因此商贸流通产业的发展也会带动相关产业的发展，提高相关产业的就业需求量，间接拉动就业。

在由卖方市场向买方市场的转变中，商贸流通产业的作用日益凸显。商贸流通产业衔接着生产和消费，其通过合理处理生产和消费的关系来推动和调节经济的发展方向。购物中心、商场等商业企业逐渐在城市发展中崭露头角，市场通过产业集群把生产、消费组合起来，该类形式的商贸流通产业降低了生产成本、促进了消费，其发展方式也是根据市场需求孕育而生的。同时，部分商贸流通企业扩大对上下游产业的投资，尝试用产业内部交易方式替代流通市场上的交易。这种交易方式能够降低交易消耗，保证消费者和生产者之间平稳的供求关系，防止干扰因素对流通活动造成影响，同时促进商贸流通产业与上下游产业共同发展。

另外，商贸流通产业空间溢出的重要载体为区域间的贸易往来。在这些贸易的往来中，区域间不断产生资本、劳动力、信息及技术等方面的溢出。高集聚区域与周边地区的贸易往来，能够带动相邻区域的商贸流通产业的发展，从而产生商贸流通产业的空间溢出效应。

空间溢出效应是一种地理外部性，是指某一区域的经济发展对附近区域经济的影响。地理相邻或相关区域在经济活动中能够相互协同，在空间上实现规模效应，或者在空间上形成制约。因此，空间溢出效应又可以分为正溢出效应和负溢出效应。正的空间溢出效应，即当某区域经济发展时，会给周边或邻近区域带来额外好处；若空间溢出效应表现为负的时，则会对相邻或相近的区域产生负面影响。本书所研究的商贸流通产业空间溢出效应是指某区域在进行商贸流通活动时，不仅影响其本身商贸流通产业的发展，还对该地区之外的商贸流通产业产生影响，这种影响同时具有促进和抑制两种作用效果。研究商贸流通产业的空间溢出效应，有助于细致分析各因素对区域商贸流通产业产生的影响，有利于促进各地区商贸流通产业的发展，缩小不同区域商贸流通产业存在的差异，保障区域商贸流通产业协调发展；同时，为政府部门制定恰当的商贸流通发展政策提供依据，有利于实现我国商贸流通产业高质量发展。

# 第三章　省级商贸流通产业的空间分布特征

## 第一节　我国商贸流通产业的发展现状

随着社会经济发展水平的不断提升，全球服务业飞速发展，第三产业在经济发展中占据着日益重要的地位。商贸流通产业是第三产业的重要部分，涵盖了物资提供、交通运输、仓储加工、邮电快递、商业零售和饮食服务等众多行业。随着第三产业的迅速崛起，商贸流通产业也由末端产业变为我国基础性产业和先导性产业，成为经济发展不可忽视的力量。

### 一、商贸流通产业的规模不断扩大

我国社会消费品零售总额由 2005 年的 68 352.6 亿元增加到 2015 年的 300 930.8 亿元，10 年间增加了 232 578.2 亿元，年均增速达 15.98%。 2008 年，我国社会消费品零售总额为 114 830.1 亿元，突破 10 万亿元大关，是 2005 年全国社会消费品零售总额的 1.68 倍。 2012 年，我国社会消费品零售总额为 214 432.7 亿元，突破 20 万亿元大关，是 2005 年全国社会消费品零售总额的 3.14 倍，详见表 3-1。

表 3-1　2005—2015 年我国社会消费品零售总额及增速

| 年份 | 社会消费品零售总额(亿元) | 社会消费品零售总额增速(%) |
|------|------|------|
| 2005 | 68 352.60 | 14.88 |
| 2006 | 79 145.20 | 15.79 |
| 2007 | 93 571.60 | 18.23 |
| 2008 | 114 830.10 | 22.72 |
| 2009 | 133 048.20 | 15.87 |
| 2010 | 158 008.00 | 18.76 |
| 2011 | 187 205.80 | 18.48 |
| 2012 | 214 432.70 | 14.54 |
| 2013 | 242 842.80 | 13.25 |
| 2014 | 271 896.10 | 11.96 |
| 2015 | 300 930.80 | 10.68 |

数据来源:历年《中国统计年鉴》。

　　从增长速度来看，全国社会消费品零售总额的增长率，在 2005—2008 年间表现出迅速增长的态势，在此期间内社会消费品零售总额的年均增长速度为 18.88%。 2008—2009 年受国际金融危机的影响，增速有所减缓，在 2009 年出现下滑折点。 2010 年的增长速度略有回升，但 2010 年后，增速表现出平稳下降的趋势，年均增长速度为 13.75%。 总体来看，我国社会消费品零售总额保持着持续增长的趋势，商贸流通产业规模不断扩大，详见图 3-1。

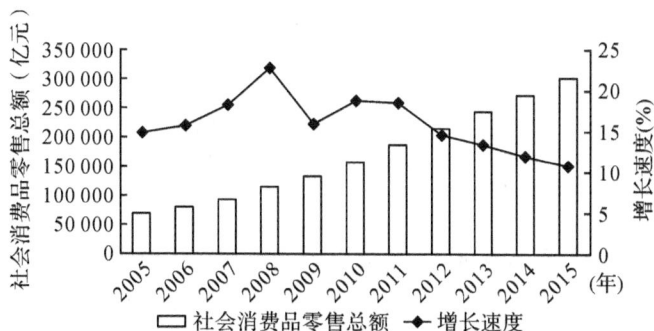

图 3-1　2005—2015 年我国社会消费品零售总额和增长速度的变化情况

2005 年我国商贸流通产业的增加值为 28 830.7 亿元；2015 年商贸流通产业的增加值为 108 828.2 亿元，是 2005 年商贸流通产业增加值的 3.77 倍，年均增速达 14.21%。 从行业角度来看，批发零售业的增加值由 2005 年的 13 966.2 亿元增加到 2015 年的 66 186.7 亿元，年均增速达 16.83%；2005 年交通运输、仓储和邮政业的增加值为 10 668.8 亿元，2015 年为 30 487.8 亿元，年均增速达 11.07%；住宿和餐饮业的增加值从 2005 年的 4195.7 亿元增加到 2015 年的 12 153.7 亿元，年均增速达 11.21%，详见表 3-2。

表 3-2    我国商贸流通产业及其分行业增加值

单位:亿元

| 年份 | 商贸流通产业增加值 | 具体行业的增加值 | | |
|---|---|---|---|---|
| | | 批发零售业增加值 | 交通运输、仓储和邮政业 | 住宿和餐饮业 |
| 2005 | 28 830.7 | 13 966.2 | 10 668.8 | 4195.7 |
| 2006 | 33 509.6 | 16 530.7 | 12 186.3 | 4792.6 |
| 2007 | 41 091.0 | 20 937.8 | 14 605.1 | 5548.1 |
| 2008 | 49 166.0 | 26 182.3 | 16 367.6 | 6616.1 |
| 2009 | 52 480.9 | 29 001.5 | 16 522.4 | 6957.0 |
| 2010 | 62 400.0 | 35 904.4 | 18 783.6 | 7712.0 |
| 2011 | 74 137.9 | 43 730.5 | 21 842.0 | 8565.4 |
| 2012 | 83 131.1 | 49 831.0 | 23 763.2 | 9536.9 |
| 2013 | 92 555.0 | 56 284.1 | 26 042.7 | 10 228.3 |
| 2014 | 102 082.9 | 62 423.5 | 28 500.9 | 11 158.5 |
| 2015 | 108 828.2 | 66 186.7 | 30 487.8 | 12 153.7 |

数据来源:历年《中国统计年鉴》。

2005—2015 年我国商贸流通产业增加值及分行业增加值均呈现逐步增长的趋势。 从增长速率来看，商贸流通产业及其分行业的增长速率均表现出先快速上升再平稳下降的趋势。 受 2008 年国际金融危机的影响，商贸流通产业及其分行业增长速度在 2009 年出现急剧下滑，2010 年略有回升，随后平稳下降。 其中，批发零售业的增长速度变化情况与商贸流通产业的增长速度变化情况整体一致。 可见批发零售业是商贸流通产业的重要组成部分，批发零售业的发展对商贸流通产业的整体发展有着重要影响，详见图 3-2、图 3-3、图 3-4、图 3-5。

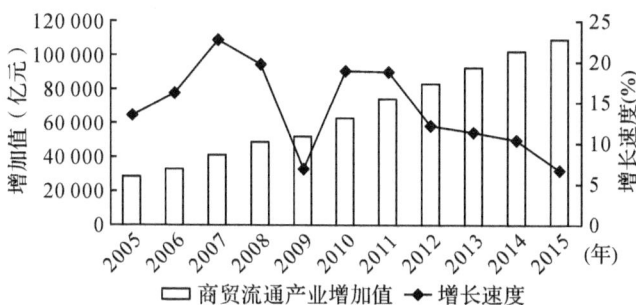

**图 3-2　2005—2015 年商贸流通产业增加值和增速变化情况**

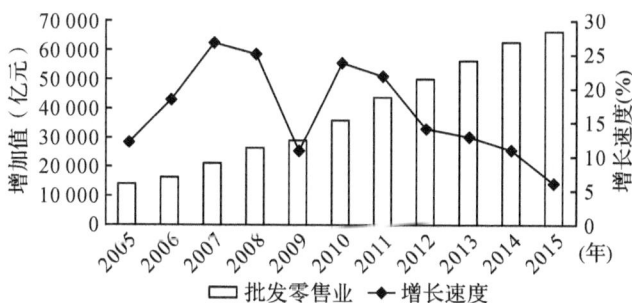

**图 3-3　2005—2015 年批发零售业增加值和增速变化情况**

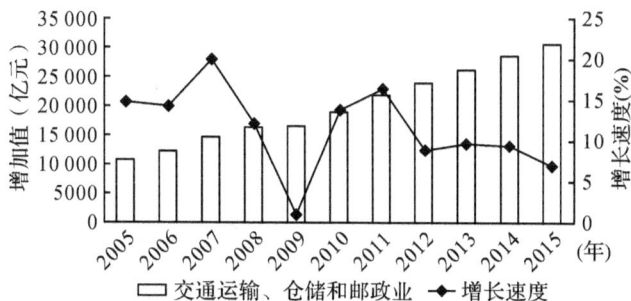

**图 3-4　2005—2015 年交通运输、仓储和邮政业增加值和增速变化情况**

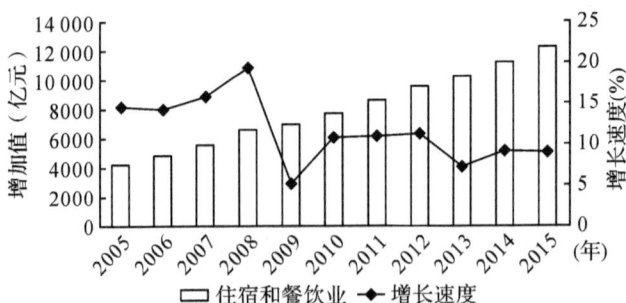

图 3-5    2005—2015 年住宿和餐饮业增加值和增速变化情况

## 二、商贸流通产业的现代化发展

依托网络技术，实体经济和虚拟经济呈现出同步发展的良好态势，推动着我国商贸流通经营模式向现代化发展。 目前，商贸流通现代化的发展方式主要体现为连锁经营、物流配送、电子商务，逐步打破了传统商业服务水平落后、经济模式单一、国有企业垄断的局面。

商贸流通产业连锁化发展。 根据中国连锁经营协会（China Chain-Store & Franchise, CCFA）的统计结果，2015 年中国特许连锁 100 强企业的销售规模达 4345 亿元，特许 100 强企业拥有连锁店铺 12.8 万个，其中加盟店 10.6 万个，每家企业平均拥有店铺近 1280 个。 2015 年，特许 100 强企业加盟店的营业额和门店总数同比增幅分别为 14% 和 11%。

物流配送稳步发展。 2015 年，我国货运总量为 417.6 亿吨，同比增长 0.21%；货运周转量为 178356 亿吨千米，较 2014 年降低了 1.82%，其中水运、民航、管道占有重要地位。

电子商务发展迅速。 根据商务部网站消息，2015 年全年电子商务交易额为 20.8 万亿元，同比增长 27%。 2015 年全国网络零售交易额为 3.9 万亿元，同比增长 33.3%，其中实物商品网上零售额为 32 424 亿元，同比增长 31.6%，高于同期社会消费品零售总额增速 20.9 个百分点，占社会消费品零售总额的 10.8%。

如图 3-6、图 3-7 所示，随着时间的推移，中国互联网技术发展逐渐成熟，网络零售市场的交易规模迅速扩大。到 2015 年我国网络零售市场交易规模达 38285 亿元，网络零售交易额占社会消费零售总额的比重也逐渐上升，2015 年达到 12.7%。中国网络零售市场交易规模的扩大速度，在 2008 年后虽呈现出逐年递减的态势，但是总体规模依旧呈现出稳步上升的扩大趋势。

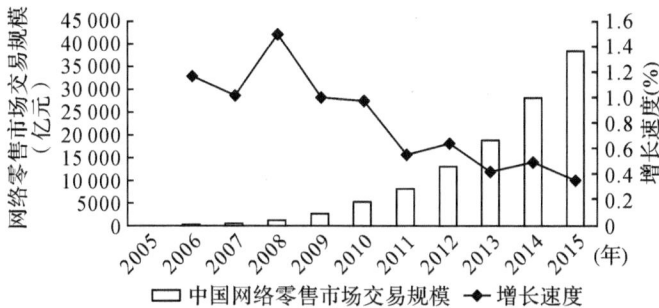

图 3-6　2005—2015 年中国网络零售交易额和增长率变化情况

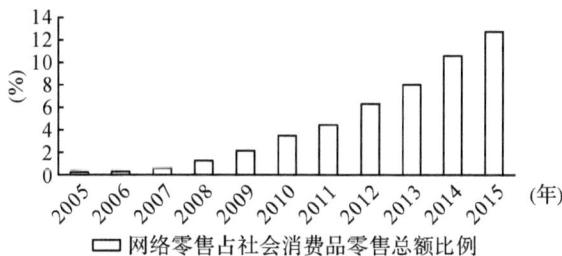

图 3-7　2005—2015 年网络零售占社会消费品零售总额比例

### 三、商贸流通产业对经济社会的拉动作用

商贸流通产业的迅速发展，带动了我国经济增长，促进了劳动力就业，成为推动经济发展不可忽视的动力之一。我国商贸流通产业增加值占 GDP 的比重，由 2005 年的 15.39% 上升到 2015 年的 15.79%，提高了 0.4 个百分点；商贸流通产业的城镇就业人口占全社会城镇就业人口的比重，由 2005 年的 16.08% 提高至 2015 年的 29.42%，提高了 13.34 个百分点。从商贸流通产业对经济社会的贡献情况来看，

2005 年后商贸流通产业增加值占 GDP 的比重基本都维持在 15％—16％之间，呈现出平稳增长的态势。 商贸流通产业对 GDP 增长的贡献率呈现波动态势，2009 年的贡献率有所降低，此后平稳增长，2014年商贸流通产业对 GDP 的贡献率达到峰值，详见表 3-3。

表 3-3  2005—2015 年商贸流通产业对经济增长的贡献率

| 年份 | 商贸流通产业<br>增加值(亿元) | GDP(亿元) | 商贸流通产业<br>增加值占 GDP<br>的比重(％) | 商贸流通产业<br>贡献率(％) |
|------|------|------|------|------|
| 2005 | 28 830.70 | 187 318.90 | 15.39 | — |
| 2006 | 33 509.60 | 219 438.50 | 15.27 | 14.57 |
| 2007 | 41 091.00 | 270 232.30 | 15.21 | 14.93 |
| 2008 | 49 166.00 | 319 515.50 | 15.39 | 16.38 |
| 2009 | 52 480.90 | 349 081.40 | 15.03 | 11.21 |
| 2010 | 62 400.00 | 413 030.30 | 15.11 | 15.51 |
| 2011 | 74 137.90 | 489 300.60 | 15.15 | 15.39 |
| 2012 | 83 131.10 | 540 367.40 | 15.38 | 17.61 |
| 2013 | 92 555.10 | 595 244.40 | 15.55 | 17.17 |
| 2014 | 102 082.90 | 643 974.00 | 15.85 | 19.55 |
| 2015 | 108 828.20 | 689 052.10 | 15.79 | 14.96 |

2005 年以后，商贸流通产业城镇就业人口占城镇就业总人口的比重呈线性增长趋势，2015 年商贸流通产业城镇就业人口占比达到29.42％，比 2005 年提高 13.34 个百分点，对就业人数增长的贡献率达到 96.13％，比 2006 年提升 68.94 个百分点。 可见我国商贸流通产业对社会就业具有重要的促进作用，详见表 3-4。

表 3-4  2005—2015 年商贸流通产业对就业增长的贡献率

| 年份 | 商贸流通产业城镇<br>就业人数(万人) | 城镇就业<br>人数(万人) | 商贸流通产业<br>城镇就业人数<br>占比(％) | 商贸流通产业<br>就业贡献率(％) |
|------|------|------|------|------|
| 2005 | 4566.0 | 28 389 | 16.08 | — |

续　表

| 年份 | 商贸流通产业城镇就业人数(万人) | 城镇就业人数(万人) | 商贸流通产业城镇就业人数占比(%) | 商贸流通产业就业贡献率(%) |
|---|---|---|---|---|
| 2006 | 4903.4 | 29 630 | 16.55 | 27.19 |
| 2007 | 5328.5 | 30 953 | 17.21 | 32.13 |
| 2008 | 5766.9 | 32 103 | 17.96 | 38.12 |
| 2009 | 6432.6 | 33 322 | 19.30 | 54.61 |
| 2010 | 6692.2 | 34 687 | 19.29 | 19.02 |
| 2011 | 7865.6 | 35 914 | 21.90 | 95.63 |
| 2012 | 8463.7 | 37 102 | 22.81 | 50.35 |
| 2013 | 9532.9 | 38 240 | 24.93 | 93.95 |
| 2014 | 10829.7 | 39 310 | 27.55 | 121.20 |
| 2015 | 11887.1 | 40 410 | 29.42 | 96.13 |

## 第二节　区域商贸流通产业的空间分布

　　本部分以我国国内 31 个省区市作为观测单元,以商贸流通产业增加值作为商贸流通产业空间活动的度量指标,从宏观角度对我国商贸流通产业的空间分布特征进行描述性分析。

### 一、区域商贸流通产业发展水平的空间分布

　　基于区域基础设施、政策因素、自然禀赋等的差异化影响,我国区域商贸流通产业的发展呈现出不均衡状态。 相较于 2005 年,2015 年我国各地区商贸流通产业的增加值都有明显增长,但空间分布格局变化基本不大。 商贸流通产业主要集中于以北京、天津、山东为核心的环渤海地区,以江浙沪为中心的长江三角洲地区,以广东为中心的珠三角地区,基本上都是沿海经济发达地区。

　　由于地区商贸流通产业增加值受到地区行政单位大小的影响,

在开展商贸流通产业增加值总量分析的基础上，再对国内 31 个省区市人均商贸流通产业增加值的空间分布情况进行分析，发现地区人均商贸流通产业增加值的分布情况与商贸流通产业增加值的分布情况略有不同。 总体来说，商贸流通产业增加值总量高的地区，人均商贸流通产业增加值也相对较高，但也有部分地区的商贸流通产业增加值不高，但地区人口总量较少，因此人均商贸流通产业增加值较高，譬如内蒙古、新疆等。 对比 2005 年和 2015 年我国人均商贸流通产业增加值的分布情况，可以发现，人均商贸流通产业增加值较高的区域主要集中于东部和东北地区。 中部地区历经 11 年的发展，人均商贸流通产业增加值有了明显提高。 总体来看，地理上邻近地区的商贸流通产业发展水平也相近，原因可能是相邻区域的商贸流通产业存在较强的空间关联性。

## 二、区域商贸流通产业增长速度的空间分布

商贸流通产业发展水平不仅受到历史因素的影响，还受到本身增长速度的影响，而增长速度的快慢往往会导致商贸流通产业的空间分布格局发生变化。 因此，本部分进一步以商贸流通产业的增长速度来反映我国地区流通产业的空间分布格局。 本部分通过考察我国国内 31 个省区市 2005—2015 年间经指数平减后的商贸流通产业增加值和人均商贸流通产业增加值的年均增长率可知，除山东省和浙江省外，商贸流通产业发展水平较高的地区的商贸流通产业增长速度也较快，而商贸流通产业发展水平较低的地区的商贸流通产业增长速度也较缓慢，呈现出一定的空间集聚现象。

从人均商贸流通产业增加值的角度来看，所有地区人均商贸流通业增加值随着时间的推移逐渐上升，与商贸流通业增加值的发展趋势基本一致。 但人均商贸流通产业增加值较低的地区增长速度较快，人均商贸流通产业增加值较高的地区增长速度则较为缓慢，说明区域商贸流通产业发展水平之间的差距呈现出相对缩小的变化趋势。

### 三、四大地区商贸流通产业发展水平的空间分布

我国东部、中部、西部及东北地区的商贸流通产业发展水平存在较显著的地区差异。 从图 3-8 可以看出，2005—2015 年我国东部、中部、西部及东北地区商贸流通产业增加值的绝对水平呈现出明显不均衡性，东部地区的增加值最高，中部与西部次之，东北地区最低，但四大地区商贸流通产业增加值的变动趋势较为一致。

东部地区商贸流通产业增加值，从 2005 年的 17 471.12 亿元增加到 2015 年的 51 163.03 亿元，增加了 33 691.91 亿元，年均增速为 11.3％；中部地区商贸流通产业增加值，从 2005 年的 5708.32 亿元增加到 2015 年的 15 549.53 亿元，增加了 9841.21 亿元，年均增长 10.5％；西部地区商贸流通产业增加值，由 2005 年的 5309.15 亿元增加到 2015 年的 16 816.25 亿元，增加了 11 507.1 亿元，年均增长 12.2％；东北地区商贸流通产业增加值，从 2005 年的 2776.36 亿元增加到 2015 年的 7991.67 亿元，增加了 5215.31 亿元，年均增长 11.2％。 以中部、西部地区为参照标准，本部分发现其与东部地区和东北地区的商贸流通产业相比，差距比较明显；而且随着时间的变化，东部地区、东北地区商贸流通产业增加值与中部、西部地区的差距被逐渐拉大。

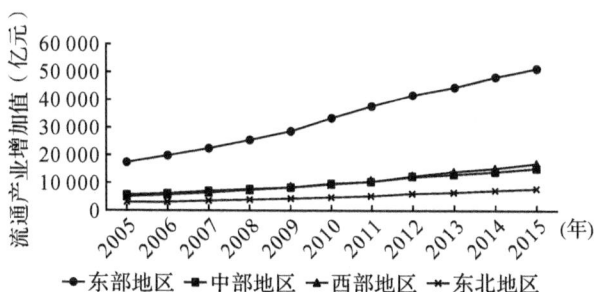

图 3-8　2005—2015 年我国四大地区商贸流通产业增加值变动趋势

从 2005—2015 年我国东部、中部、西部及东北地区人均商贸流通产业增加值的变化趋势可知（见图 3-9），东部地区 2005 年的人均商贸流通产业增加值为 3738.90 元，2015 年增加到 9741.81 元，增加了 6002.91 元，年均增长 10.0%；中部地区人均商贸流通产业增加值，由 2005 年的 1621.56 元增加到 2015 年的 4261.43 元，增加了 2639.87 元，年均增长 10.1%；西部地区 2005 年的人均商贸流通产业增加值为 1478.10 元，2015 年增加到 4528.65 元，增加了 3050.55 元，年均增长 11.8%；东北地区人均商贸流通产业增加值，由 2005 年的 2580.99 元增加到 2015 年的 7300.33 元，增加了 4719.34 元，年均增长 11.0%。从上述内容可知，四大地区的人均商贸流通产业增加值，随着时间的推移，都呈现出逐年增长趋势，且发展势态平稳，但东部地区和东北地区的人均商贸流通产业增加值要明显高于中部地区和西部地区；中部地区和西部地区人均商贸流通产业增加值的发展趋势较为一致，二者的差距基本保持不变，东部地区和东北地区相对于中、西部地区的发展差距逐渐扩大。

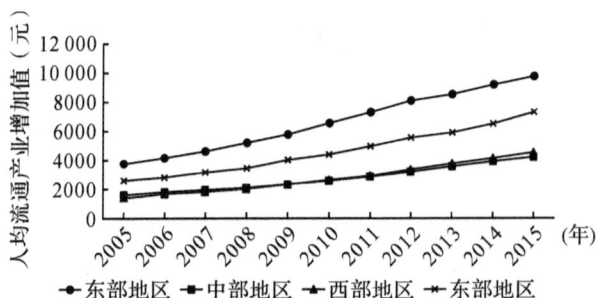

图 3-9　2005—2015 年我国四大地区人均商贸流通产业增加值变动趋势

## 第三节　区域流通产业空间关联的探索性分析

空间经济计量学区别于传统经济计量学的一大特点，就是强调区域之间的空间关联性，并利用探索性空间数据分析方法来解释观测单元的空间自相关现象。 空间自相关包含全局空间自相关和局部空间自相关两种测度方式；其中，全局空间自相关测度的是空间范围内所有观测单元的整体空间关系，而局部空间自相关可以测度由于局部空间位置差异而产生的不同空间关联模式，以观察空间局部不平稳性。

## 一、空间权重矩阵设定

空间自相关的概念源于时间自相关，但时间是一维自相关，而空间是多维自相关。 因此，在测度空间自相关性时，需要解决地理空间结构的数学表达，定义空间对象的相互邻接关系。 在空间计量经济学中，一般是通过定义空间权重矩阵来刻画空间自相关性。 空间权重矩阵是一个二维矩阵，假设研究的空间范围内包含 $n$ 个单元，那么空间权重矩阵 $W$ 可以表示为

$$W = \begin{bmatrix} w_{11} & w_{12} & \cdots & w_{1n} \\ w_{21} & w_{22} & \cdots & w_{2n} \\ \vdots & \vdots & \vdots & \vdots \\ w_{n1} & w_{n2} & \cdots & w_{nn} \end{bmatrix} \quad (3\text{-}1)$$

定义空间权重矩阵，首先要对空间单元的位置进行量化。 参考已有的研究成果，实证分析中学者们通常采用邻接规则与距离规则来定义空间权重矩阵。 常见的空间权重矩阵主要包括以下几种。

### (一)地理位置特征权重矩阵

1.空间相邻权重矩阵。

空间相邻权重矩阵可表示为

$$W_{ij} = \begin{cases} 1 & \text{当区域 } i \text{ 和区域 } j \text{ 相邻} \\ 0 & \text{当区域 } i \text{ 和区域 } j \text{ 不相邻} \end{cases} \quad (3\text{-}2)$$

常见的地理单元相邻关系有 4 种形式：①线性相邻，即区域 $i$ 和区域 $j$ 在左右侧或上下侧有相邻的边；②Rook 相邻，即"车"相邻，是指区域 $i$ 和区域 $j$ 有共同边界；③Bishop 相邻，即"象"相

邻,是指区域 $i$ 和区域 $j$ 有共同顶点但没有共同边界;④Queen 相邻,即"后"相邻,是指区域 $i$ 和区域 $j$ 有共同边界或共同顶点。

2.空间距离权重距阵。

除了根据邻接关系来定义空间权重矩阵外,根据各观测单元间的空间距离来确定空间权重矩阵也是一种常用的方法。

(1)根据地理距离来定义空间权重矩阵。 区域间的地理距离,一般是指根据空间地理位置坐标计算的两区域的质心或行政中心所在地之间的欧式距离。 Anselin(1998)提出负指数距离,设定方法为 $w = \exp(-\beta d_{ij})$, $d_{ij}$ 表示任意两个区域之间的欧氏距离, $\beta$ 为事先设定的参数。 还有学者以区域间距离的倒数、区域间距离倒数的平方等形式设定空间权重矩阵。

(2)根据距离阈值来定义空间权重矩阵。 空间距离的设定一直饱受争议,其中 Pace(1997)采用有限距离来定义空间距离权重矩阵。 他给出一个具体的距离阈值 $d$,在距离阈值 $d$ 范围内的观测单元被认为是相邻的,矩阵元素取值为 1,在距离阈值 $d$ 范围之外的观测单元被认为是不相邻的,矩阵元素取值为 0。 即

$$W_{ij}(d) = \begin{cases} 1 & \text{当区域 } i \text{ 和区域 } j \text{ 在距离 } d \text{ 之内} \\ 0 & \text{当区域 } i \text{ 和区域 } j \text{ 在距离 } d \text{ 之外} \end{cases} \quad (3\text{-}3)$$

(3)K 阶近邻空间权重矩阵。 将离观测单元地理距离最近的 K 个单元设定为邻居,每个观测单元都拥有 K 个邻居。 使用此方法定义空间权重矩阵的出发点,是基于门槛距离的空间权重矩阵容易受观测单元本身面积大小的影响,导致邻近矩阵结构不平衡。 例如,当空间单元的面积相差较大时,就会出现一些面积较小的地理单元拥有的邻居数量较多,而面积较大的地理单元拥有的邻居数量很少的情况,甚至有的观测单元因没有邻居而成为"飞地"。

## (二)社会经济距离权重矩阵

除了地理距离因素,区域之间的空间联系还受到经济发展水平等因素的影响。 林光平等(2006)把人均实际 GDP 差距的倒数设

定为权重来衡量各省份之间的"相邻"程度，一些学者根据区域间的贸易额、货运量和客运量等因素来设定区域之间的空间权重矩阵。 此类空间权重矩阵的意义大致如下：

$$W^* = W \times E$$

$$E_{ij} = \begin{cases} \dfrac{1}{|\bar{Y}_i - \bar{Y}_j|} & i \neq j \\ 0 & i = j \end{cases} \tag{3-4}$$

$$\bar{Y}_i = \frac{1}{t_1 - t_0 + 1} \sum_{t=t_0}^{t_1} Y_{it}$$

其中，$W$ 表示地理空间权重，$Y_{it}$ 表示地区 $i$ 在 $t$ 年的经济变量。

## 二、全局空间自相关测度

### (一)全局空间自相关统计量

全局空间自相关统计量主要包括 Moran's I、Geary's C 等，这些统计量可以描述整个研究区域中所有观测单元之间的整体空间关联程度。

1. 全局 Moran's I。

Moran's I 统计量由 Moran 于 1984 年提出，反映空间邻接或空间邻近区域单元属性值的相似程度。 其计算公式为

$$I = \frac{n \sum\limits_{i=1}^{n} \sum\limits_{j=1}^{n} w_{ij} (x_i - \bar{x})(x_j - \bar{x})}{\left( \sum\limits_{i=1}^{n} \sum\limits_{j=1}^{n} w_{ij} \right) \sum\limits_{i=1}^{n} (x_i - \bar{x})^2} \tag{3-5}$$

式中，$\bar{x} = \dfrac{1}{n} \sum\limits_{i=1}^{n} x_i$，$x_i$ 表示地区 $i$ 的观测值，$n$ 为地区数，$w_{ij}$ 为空间权重矩阵元素。

Moran's I 的取值一般在 −1~1 之间。 Moran's I 值大于 0 表示空间正相关，即属性值高的区域与属性值高的区域集聚在一起，属性值低的区域与属性值低的区域集聚在一起；Moran's I 值小于 0 表

示空间负相关,即属性值高的区域与属性值低的区域集聚在一起;Moran's I 值等于 0 表示空间不相关。 Moran's I 值越趋近于 1,总体空间正相关性越强;Moran's I 值越趋近于 -1,总体空间差异越大。

2. 全局 Geary's C。

Geary's C 也是一种常用的空间自相关统计量。 其计算公式为

$$C = \frac{n-1}{2S_0} \cdot \frac{\sum\limits_{i=1}^{n}\sum\limits_{j=1}^{n} w_{ij}(x_i - x_j)^2}{\sum\limits_{i=1}^{n}(x_i - \bar{x})^2} \quad (3\text{-}6)$$

其中, $S_0 = \sum\limits_{i=1}^{n}\sum\limits_{j=1}^{n} w_{ij}$ 。

Geary's C 的取值一般在 0~2 之间。 当 Geary's C 值在 1 左右时,表示观测单元之间不存在空间自相关;当 Geary's C 值在 0~1 之间时,表示观测单元之间存在空间正相关;当 Geary's C 值在 1~2 之间时,表示观测单元之间存在空间负相关。

### (二)全局空间自相关分析

为测度我国国内 31 个省区市商贸流通产业的空间关联性及区域集聚情况,本部分在此以 Moran's I 统计量为代表,测度空间自相关特征,进而识别商贸流通产业空间上是否存在显著的集群特征。 对于 Moran's I 统计量,计算结果可采用随机分布或近似正态分布进行验证,即用标准化统计量 Z 来判断地区空间相关性的显著性。 如果 Moran's I 的正态统计量 Z 值大于正态分布函数在 5% 显著性水平下的临界值 1.96,表明中国国内 31 个省区市商贸流通产业的空间自相关性具有统计意义,即相邻地区的商贸流通产业特征值出现集聚特征。

首先,采用一阶 Rook 空间相邻权重矩阵初步判断区域商贸流通产业是否存在空间自相关。 如果直接按照 Rook 邻近规则,海南省没有与之边界相邻的省份,会对后续分析产生影响。 按照通常做

法，本部分将距离海南省最近的广东省设置为其邻接省份。 然后，基于 2005—2015 年中国国内 31 个省区市的人均商贸流通产业增加值数据，计算出各年商贸流通产业的全局 Moran's I 统计量，计算结果见表 3-5。

表 3-5　2005—2015 年人均商贸流通产业增加值的 Moran's I 统计量

| 年份 | Moran's I | P |
|------|-----------|------|
| 2005 | 0.4124 | 0.00 |
| 2006 | 0.4084 | 0.00 |
| 2007 | 0.4101 | 0.00 |
| 2008 | 0.4905 | 0.00 |
| 2009 | 0.4267 | 0.00 |
| 2010 | 0.4352 | 0.00 |
| 2011 | 0.4375 | 0.00 |
| 2012 | 0.4340 | 0.00 |
| 2013 | 0.4177 | 0.00 |
| 2014 | 0.4080 | 0.00 |
| 2015 | 0.4124 | 0.00 |

从表 3-5 可以看出，2005—2015 年 Moran's I 统计量的值呈先上升后回落的趋势，均通过显著性检验，说明我国区域商贸流通产业的发展呈现出显著的空间正相关。 结果显示，我国区域商贸流通产业在空间分布上呈现出集聚特征，地理位置相近的省区市其商贸流通产业的发展水平较为接近，商贸流通产业发展水平较高的省区市被高发展水平的省区市包围。

## 三、局部空间自相关测度

全局空间自相关指标能够判断出在空间上的整体关联性，但忽略了空间过程的潜在不平稳性，难以探测出集聚的具体位置及局部地区的空间关联程度。 观测对象究竟是高高集聚还是低低集聚，哪个区域单元对全局空间关联性的贡献最大，都需要开展局部空间自相关分析。局部空间自相关统计量，可以用来识别不同地区空间关联模式的差异性，测度区域局部的不平稳性，为区域经济决策提供依据。

## (一)局部空间自相关统计量

对应于全局空间自相关统计量，常用的局部空间自相关统计量包括局部 Moran's I、局部 Geary's C 等。

1.局部 Moran's I。

在空间位置 $i$ 上，局部 Moran's I 统计量的计算公式为

$$I_i = \sum w_{ij} z_i z_j$$

$$z_i = \frac{(x_i - \overline{x})}{\delta} \tag{3-7}$$

$$z_j = \frac{(x_j - \overline{x})}{\delta}$$

其中，$z_i$ 和 $z_j$ 是标准化后的观测值，$w_{ij}$ 为行标准化后的空间权重矩阵元素。

若局部 Moran's I 统计量 $I_i$ 的显著性为正，且 $z_i$ 大于 0，表示位置 $i$ 的平均水平高于其邻居，属于高高集聚模式；若 $I_i$ 的显著性为正，且 $z_i$ 小于 0，表示位置 $i$ 的平均水平低于其邻居，属于低低集聚模式；若 $I_i$ 显著性为负，且 $z_i$ 大于 0，表示位置 $i$ 的观测值远高于其邻居，属于高低集聚模式；若 $I_i$ 显著性为负，且 $z_i$ 小于 0，表示位置 $i$ 的观测值远低于其邻居，属于低高集聚。

2.局部 Geary's C。

空间位置 $i$ 的局部 Geary's C 的计算公式为

$$C_i = \sum_{j \neq i}^{n} w_{ij} (z_i - z_j)^2$$

$$z_i = \frac{(x_i - \overline{x})}{\delta} \tag{3-8}$$

$$z_j = \frac{(x_j - \overline{x})}{\delta}$$

式中，$z_i$ 和 $z_j$ 是标准化后的观测值，$w_{ij}$ 为行标准化后的空间权重矩阵元素。

若计算出局部 Geary's C 的显著水平 P 值较大（如 P＞0.95），表明 C 值异常小，说明位置 $i$ 的样本点与其邻居间具有相似性；若计算出的显著水平 P 值较小（如 P＜0.05），表明 C 值异常大，说明位置 $i$ 的样本点与其邻居间具有相异性。

### （二）局部空间自相关分析

Moran 散点图是描述某一观测值（$x$）与其空间滞后向量（即该观测值周围邻居的加权平均，$Wx$）之间的相关性。横轴对应某一变量观测值，纵轴对应其空间滞后向量。Moran 散点图分成 4 个象限，分别对应于区域单元与邻居之间 4 种类型的局部空间关联模式：第一象限为"高高区域"，表示高观测值的区域单元被同样是高值的区域所包围，空间差距较小；第二象限为"低高区域"，表示低观测值的区域单元被高值的区域所包围，空间差距较大；第三象限为"低低区域"，表示低观测值的区域单元被同样是低值的区域所包围，空间差距较小；第四象限为"高低区域"，表示高观测值的区域单元被低值的区域所包围，空间差距较大。第一与第三象限可以看作线性回归系数为正的回归，表明观测区域数据与其邻近地区的数据存在空间正相关性；第二与第四象限可以看作线性回归系数为负的回归，表明观测区域数据与其邻近地区的数据存在空间负相关性；当观测值随机分布时，则表示观测区域的属性值与其邻近区域的属性值无关，即不存在空间相关性。

基于 2005—2015 年中国国内 31 个省区市的人均商贸流通产业增加值数据，本部分使用 Geoda 软件得到 2005 年和 2015 年的人均商贸流通产业增加值的 Moran 散点图，见图 3-10 和图 3-11。

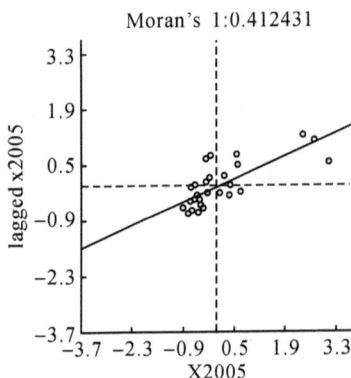

图 3-10　2005 年的 Moran 散点图

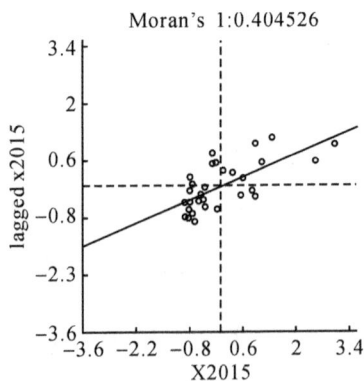

图 3-11　2015 年的 Moran 散点图

通过对 2005 年与 2015 年 Moran 散点图的对比分析，可以发现，全国各个省区市商贸流通产业的局域空间自相关程度存在差异。图 3-10 与图 3-11 上的大多数点位于第一、第三象限，说明商贸流通产业发展水平较高的地区被高值地区所包围，商贸流通产业发展水平较低的区域则被低值区域所包围，呈现出正向空间关联性。

为了更清晰地观察我国 31 个省区市商贸流通产业的空间集聚模式，本部分将 31 个省区市划分到 4 个象限内，得到表 3-6。

表 3-6　2005 年和 2015 年中国国内 31 个省区市的象限分布情况

| | 2005 年 | 2015 年 |
| --- | --- | --- |
| 第一象限（HH） | 上海、北京、天津、江苏、浙江、福建、辽宁 | 上海、北京、天津、江苏、浙江、福建、辽宁、黑龙江 |
| 第二象限（LH） | 河北、海南、吉林、黑龙江、江西 | 河北、吉林、海南、安徽、江西 |
| 第三象限（LL） | 安徽、山西、宁夏、河南、陕西、重庆、湖北、湖南、广西、甘肃、贵州、四川、云南、青海、新疆、西藏 | 山西、宁夏、河南、陕西、重庆、湖北、湖南、广西、甘肃、贵州、四川、云南、青海、新疆、西藏 |
| 第四象限（HL） | 广东、内蒙古、山东 | 广东、山东、内蒙古 |

由表 3-6 可知，我国省级商贸流通产业呈现出明显的空间集聚模式，"HH" 类型的区域主要集中在以北京、天津、辽宁为核心的环渤海地区，以江浙沪为中心的长江三角洲地区，以广东为中心的珠

三角地区，"LL"类型的区域主要集中在中部地区和绝大部分西部省区市。 2005年和2015年处于各个象限的省区市变化不大，有所变动的只有黑龙江和安徽两个省份。 黑龙江省2005年处于第二象限，到2015年则移动到第一象限，表现出高高集聚现象，这说明黑龙江省的商贸流通产业发展相对迅速。 安徽省2005年处于第三象限，而2015年则位于第二象限，这说明安徽省周边地区的商贸流通产业发展较为迅速，而安徽省自身发展相对较为缓慢。 2005—2015年期间，位于第一、第三象限的省份占省份总数比例一直维持在74%左右，商贸流通产业发展水平相似的省份呈现出明显的空间集聚特征。

# 第四章　省级商贸流通产业空间溢出效应的实证分析

## 第一节　商贸流通产业空间溢出模型

空间溢出效应的测度主要利用空间面板模型,即在传统面板数据模型的基础上纳入空间因素,引入空间权重矩阵来体现数据的空间相关性。 Elhorst(2003)将空间滞后因变量和空间滞后误差项分别引入面板数据计量模型之中,从而产生两种基本类型的空间面板模型,即空间滞后面板模型(SAR)和空间误差面板模型(SEM)。

### 一、空间计量模型的基本形式

空间自相关分析是一种探索性空间数据分析方法,为了更清晰地考察变量之间的影响效应,需建立回归模型进行分析。 传统的回归模型形式为:

$$y = X\beta + \varepsilon \tag{4-1}$$

式中, $y$ 是因变量的观测值向量( $n \times 1$ ); $X$ 是自变量的观测值矩阵( $n \times k$ ),包括截距项(即 $n \times k$ 矩阵的第 1 列元素全为 1 ); $\beta$ 是 $k \times 1$ 的回归系数向量,包含了截距系数; $\varepsilon$ 是 $n \times 1$ 的误差向量。

空间数据通常存在两个基本特性,即空间依赖性和空间异质性,违背了高斯-马尔科夫条件,因此普通的计量模型并不适合分析空间数据,构建空间计量模型成为更佳选择。 常用的空间计量模型有空间滞后模型和空间误差模型两种基本形式。空间滞后模型（空间自回归模型）将因变量的空间滞后项纳入模型，认为因变量的空间滞后项也会对其本身产生影响；空间误差模型将误差项的空间滞后项纳入模型，认为误差项受到其空间滞后项的影响。

### （一）空间滞后模型

空间滞后模型主要研究变量空间滞后因子的影响。空间滞后模型的基本形式为

$$y = \rho Wy + X\beta + \varepsilon \qquad (4\text{-}2)$$

其中，参数向量 $\beta$ 反映了自变量对因变量的影响，$\varepsilon$ 是误差向量 $Wy$ 为因变量的空间滞后向量，其系数 $\rho$ 反映空间邻居对本区域的作用。若 $\rho$ 通过显著性检验，说明因变量存在显著的空间依赖性，$\rho$ 反映变量的空间溢出效应。

### （二）空间误差模型

空间滞后模型，主要考察不同空间单元因变量之间的相互影响，当使得因变量产生空间相关性的因素未体现在解释变量中时，需要考虑其是否被误差项所吸收。因此可考虑建立空间误差模型。其基本形式为

$$\begin{cases} y = X\beta + \varepsilon \\ \varepsilon = \lambda W\varepsilon + \mu \end{cases} \qquad (4\text{-}3)$$

其中，$\lambda$ 代表误差项的空间自回归系数，$W\varepsilon$ 代表空间误差项的空间滞后向量。若 $\lambda$ 通过显著性检验，说明误差项存在空间自相关。

### （三）空间杜宾模型

相比于空间滞后模型和空间误差模型，空间杜宾模型的优势在于同时引入因变量和自变量的空间滞后项。其模型形式为

$$y = \rho Wy + X\beta_1 + WX\beta_2 + \varepsilon \qquad (4\text{-}4)$$

其中，$\beta_1$ 表示自变量的回归系数，$WX$ 表示自变量的空间滞后项，

$\beta_2$ 表示自变量空间滞后项的回归系数。

## 二、空间面板模型的形式

面板计量模型的标准形式为

$$y_{it} = X_{it}\beta + \mu_i + \varepsilon_{it} \tag{4-5}$$

式中，$i = 1, 2, \cdots, N$ 表示观测个体的单元数，$t = 1, 2, \cdots, T$ 表示时间单位数，$y$ 是 $NT \times 1$ 维被解释变量，$X$ 是 $NT \times k$ 维解释变量向量，$\beta$ 是 $k$ 维系数列向量，其中 $k$ 表示变量的个数，$\mu_i$ 则表示观测单元个体效应，$\varepsilon_{it}$ 为均值为 0、方差为 $\sigma^2$ 且独立同分布的随机误差项。

空间滞后面板模型是假定被解释变量空间上存在依赖性。空间滞后面板模型的形式为

$$y_{it} = \delta \sum_{j=1}^{N} w_{ij} y_{jt} + X_{it}\beta + \mu_i + \varepsilon_{it} \tag{4-6}$$

其中，$\delta$ 为模型的空间自回归系数，$w_{ij}$ 为反映区域之间关系的空间权重矩阵。空间滞后面板模型描述了某一空间单元因变量的值受自身自变量与相邻空间单元因变量联合影响。

空间误差面板模型假定某一空间单元的因变量主要受自身一些特征的影响，但误差项却存在着空间相关性。其模型形式为

$$y_{it} = X_{it}\beta + \mu_i + \phi_{it}$$

$$\varphi_{it} = \rho \sum_{j=1}^{N} w_{ij} \phi_{jt} + \varepsilon_{it} \tag{4-7}$$

其中，$\phi_{it}$ 指空间自相关误差项，$\rho$ 为误差项的空间自相关系数，Anselin et al.（2006）认为，空间误差自相关不需要空间相互作用的模型设定，当模型以外的随机干扰项对邻近区域产生空间影响时，可采用空间误差面板模型。

### 三、空间面板模型的估计

由于面板模型还存在着固定效应模型和随机效应模型之分，空间面板模型分为具有固定效应的空间滞后面板模型和具有随机效应的空间滞后面板模型，具有固定效应的空间误差面板模型和具有随机效应的空间误差面板模型。

由于模型中 $\sum_j w_{ij} y_{jt}$ 的内生性问题，OLS 估计不再合适，需采用极大似然估计方法（ML）来估计固定效应的空间滞后面板模型的效应，对数似然函数为

$$\ln L = -\frac{NT}{2}\ln(2\pi\sigma^2) + T\ln|I_N - \delta W| - \frac{1}{2\sigma^2}\sum_{i=1}^{N}\sum_{t=1}^{T}$$

$$(y_{it} - \delta\sum_{j=1}^{N} w_{ij} y_{jt} + X_{it}\beta + \mu_i)^2 \tag{4-8}$$

Elhorst & Freret（2009）推导出的有关 $\beta$、$\delta$ 和 $\sigma^2$ 的方差协方差矩阵为

$$VCM(\beta,\delta,\sigma^2) = \begin{vmatrix} \frac{1}{\sigma^2}X^{*\prime}X^* & \frac{1}{\sigma^2}(I_T\otimes\widetilde{W})X^*\beta & 0 \\ \frac{1}{\sigma^2}(I_T\otimes\widetilde{W})X^*\beta & Ttr(\widetilde{W}\widetilde{W}+\widetilde{W}'\widetilde{W})+\frac{1}{\sigma^2}\beta X^{*\prime}(I_T\otimes\widetilde{W}'\widetilde{W})X^*\beta & \frac{T}{\sigma^2}tr(\widetilde{W}) \\ 0 & \frac{T}{\sigma^2}tr(\widetilde{W}) & \frac{NT}{2\sigma^4} \end{vmatrix}$$

$$\tag{4-9}$$

其中，$\widetilde{W} = W(I_N - \delta W)^{-1}$，$tr$ 表示矩阵的迹。最后可采用式（4-10）来估计空间滞后面板模型的固定效应：

$$\hat{\mu} = \frac{1}{T}\sum_{t=1}^{T}(y = \hat{\rho}Wy - x\hat{\beta}) \tag{4-10}$$

同样地，也可以推导出固定效应空间误差面板模型的 $\beta$、$\rho$ 和 $\sigma^2$ 等参数估计值。其中，空间误差面板模型的固定效应为

$$\hat{\mu}_i = \frac{1}{T}\sum_{t=1}^{T}(y_{it} - x_{it}\hat{\beta}) \tag{4-11}$$

另外，Elhorst（2015）将用于估计具有固定效应的空间滞后面

板模型参数的方法，与估计具有随机效应的空间滞后面板模型参数的估计方法结合起来，估计出具有随机效应的空间滞后面板模型的参数 $\beta$、$\delta$、$\theta$ 和 $\sigma^2$ 值，并推导出具有随机效应的空间误差面板模型参数 $\beta$、$\rho$、$\sigma_\mu^2$ 和 $\sigma^2$ 的估计值。Elhorst（2015）等认为，对具有随机效应的空间误差面板模型的估计难度要比其他面板模型更大。

### 四、空间面板模型设定的检验

为了检验面板数据是否具有空间效应，Anselin（2006）提出两个拉格朗日乘子（Lagrange Multiplier，LM）统计量，通过计算模型残差的 LM 统计量和稳健（Robust）LM 统计量来检验空间自相关性。若存在空间自相关性，传统的面板模型将不再适用，应选择空间面板模型进行建模分析。其中，LM 统计量为

$$\text{LM}_\delta = \frac{\left[e'(I_T \otimes W)y\hat{\sigma}^{-2}\right]^2}{J} \tag{4-12}$$

$$\text{LM}_\rho = \frac{\left[e'(I_T \otimes W)e\hat{\sigma}^{-2}\right]^2}{TT_w} \tag{4-13}$$

稳健 LM 统计量为

$$\text{Robust LM}_\delta = \frac{\left[e'(I_T \otimes W)y\hat{\sigma}^{-2} - e'(I_T \otimes W)e\hat{\sigma}^{-2}\right]^2}{J - TT_w} \tag{4-14}$$

$$\text{Robust LM}_\rho = \frac{\left[e'(I_T \otimes W)e\hat{\sigma}^{-2} - (TT_w/J)e'(I_T \otimes W)y\hat{\sigma}^{-2}\right]^2}{TT_w(1 - TT_w/J)^{-1}} \tag{4-15}$$

在面板模型中，通常先用豪斯曼（Hausman）检验来确定面板模型应是固定效应模型还是随机效应模型，然后利用 LM 统计量和稳健 LM 统计量来判定是采用空间滞后面板模型还是采用空间误差面板模型。对于空间滞后面板模型与空间误差面板模型的选择，Anselin & Florax（1995）提出以下判别准则：①先进行 OLS 回归，得到回归模型的残差，再基于残差进行 LM 判定。对于计算标准的 LM-Error 和 LM-Lag 统计量（即非稳健的统计量形式），如果两者

都不显著，保持 OLS 的结果。 这种情况下，如果 Moran 统计量与 LM 统计量不一致，一般是异方差性和非正态分布导致的，使 Moran 统计量计算失真。 ②如果其中之一显著，若 LM-Error 显著，则选择空间误差面板模型；若 LM-Lag 显著，则选择空间滞后面板模型。 ③如果是两者都显著，则进行稳健 LM 判定，计算 Robust LM-Error 和 Robust LM-Lag 统计量。 如果 Robust LM-Error 显著，则选择空间误差面板模型；如果 Robust LM-Lag 显著，则选择空间滞后面板模型。

空间滞后面板模型和空间误差面板模型是空间计量经济研究中最为常用的两种模型（Anselin，2006）。 在实证研究中，这两种模型分别被设定用于捕获空间自相关的实质成分和干扰成分。

## 第二节　空间计量模型构建及选择

### 一、变量选择

晏维龙（2006）利用中国城市化率和商贸流通产业发展的年度数据构建误差修正模型，证实了城市化对商贸流通产业发展具有重要的影响效应。 刘根荣和李欣欣（2010）通过对城市化与商贸流通产业互动关系的格兰杰检验，得到城市化是商贸流通产业发展的影响因素、城市化进程能够促进商贸流通产业发展的结论。 何永达（2012）通过建立商贸流通产业发展对城市化的非线性模型，同样发现，城市化对商贸流通产业发展的影响具有阶段性。 王国锋、刘小娟和邱红（2015）通过分析长三角地区商贸流通产业与城市化进程的相关关系，发现两者之间存在相互促进的作用关系。 此外，王晓东和周旭东（2016）通过主成分分析发现，影响我国商贸流通产业发展的因素主要包括城市环境因素、资本技术因素、组织结构因素及制度因素等。 因此，除城市化水平外，考虑到商贸流通产业自身的特点，本部分将对外开放程度、商贸流通产业固定资产投资、产业结构、政府干预及基础设施等因素作为控制变量纳入计量模型开展实证分析。

本节依据 2005—2015 年我国国内 31 个省区市的面板数据开展实证分析，被解释变量为"商贸流通产业发展水平"。商贸流通产业具体包括交通运输、仓储和邮政业，批发零售业和住宿餐饮业，考虑到各个省区市的人口规模和经济规模差异，因此本节选取"人均商贸流通产业增加值"作为被解释变量，用 RJADV 表示。

解释变量主要包括城市化水平、对外开放程度、商贸流通产业固定资产投资、产业结构、政策支持、交通基础设施等。

（1）城市化水平。城市化对商贸流通产业发展起着至关重要的作用，本节选取城市化水平作为主要解释变量，以"年末城镇人口数占总人口比重"来代表，用 URB 表示。城市化带来的城市发展，进而带来的人才集聚、产业网络、社会结构、经济技术等是现代商贸流通产业发展的基础条件，城市化带来的消费需求扩张，有利于扩大批发零售规模，增加餐饮业网点，提高交通运输量，推动商贸流通产业发展。

（2）对外开放程度。对外开放程度通常用"进出口贸易额占地区生产总值的比重"来代表，用 OPE 来表示。受经济全球化和区域一体化进程加快的影响，突破国家和地区限制，寻求分工协作和交叉渗透已成为各国的一致追求，跨国界和无边界的商贸流通产业发展趋势日益明显。以电子商务、物流配送、连锁经营等现代流通方式为手段，以跨国公司为载体，以购物中心、便利店、超市等商业业态为网点而迅速崛起的国际化大流通，加速不同区域市场之间的影响及融合。在商贸流通国际化的推动下，我国商贸流通企业在世界流通产业中发挥越来越重要的作用。国际商贸流通企业集团进入中国市场，也对我国商贸流通产业发展产生重大影响。

（3）商贸流通产业固定资产投资。加大固定资产投资对商贸流通产业发展产生较明显的影响，在此以"商贸流通产业固定资产投资额占 GDP 比重"来表示商贸流通产业固定资产投资，用 FLX 来表示。 企业生产扩张及扩大再生产的必要手段之一就是加大固定资产投资，加大对商贸流通领域的投资力度，扩大商贸流通企业规模，这些有利于促进商贸流通产品日益丰富、产品质量不断提高，以及产品市场竞争力不断增强。

（4）产业结构。 产业结构的变动反映了一个国家或地区经济发展方式的转换和经济结构转型的方向，产业结构变动往往带动生产要素、人力资本等因素的转移，会对商贸流通产业的发展产生重要影响。 本节以"第三产业占 GDP 的比重"代表地区产业结构，用 THI 表示。

（5）政策支持。 商贸流通产业的发展离不开政策支持，有效的政策支持对于商贸流通产业的健康快速发展具有保障作用。 本节以"地方预算财政支出占 GDP 的比重"代表政策支持力度，用 GOV 表示。 目前，我国地区商贸流通产业的发展还存在较大区域差异，因此政府可通过宏观手段来调节区域商贸流通产业的发展，因地制宜地实施相应的政策支持，以促进地区商贸流通产业的均衡发展。

（6）交通基础设施。 商贸流通产业的发展离不开交通基础设施的支撑，发达的交通基础设施有利于提升商贸流通的速度与效率，从而促进商贸流通产业发展，而落后的交通基础设施则制约着商贸流通产业的发展。 在此以各省区市"公路里程和铁路营业里程数之和"代表交通基础设施状况，用 DES 表示。

本节所选取的被解释变量和解释变量的指标数据均来源于历年《中国统计年鉴》，表 4-1 给出被解释变量和解释变量的描述性统计量。

表 4-1　被解释变量和解释变量的描述性统计量

| 指标 | 单位 | 样本量 | 截面×时期 | 均值 | 最大值 | 最小值 |
|------|------|--------|-----------|------|--------|--------|
| RJADV | 元/人 | 341 | 31×11 | 4724.66 | 19 670.71 | 857.64 |
| URB | % | 341 | 31×11 | 50.87 | 89.60 | 20.85 |
| OPE | % | 341 | 31×11 | 0.32 | 1.77 | 0.03 |
| FLX | % | 341 | 31×11 | 13.74 | 38.60 | 7.40 |
| THI | % | 341 | 31×11 | 41.47 | 79.65 | 28.62 |
| GOV | % | 341 | 31×11 | 23.89 | 134.59 | 7.92 |
| DES | 万千米 | 341 | 31×11 | 2.26 | 3.46 | 0.07 |

## 二、模型构建

根据上文的变量选择，本节设定面板计量模型的形式为

$$\ln RJADV_{it} = \alpha_{it} + \beta_1 \ln URB_{it} + \beta_2 \ln OPE_{it} + \beta_3 \ln FLX_{it} \\ + \beta_4 \ln THI_{it} + \beta_5 \ln GOV_{it} + \beta_6 \ln DES_{it} + \varepsilon_{it}$$

$$(4-16)$$

其中，$i = 1, 2, \cdots, N(N = 31)$ 代表 31 个省市区；$t = 1, 2, \cdots,$ $T(T = 11)$ 代表 2005—2015 年间各年份；$\alpha_{it}$ 表示截距项；$\varepsilon_{it}$ 表示随机误差项。

在传统面板模型的基础上，将因变量的空间滞后项加入，得到空间滞后面板模型。空间滞后面板模型的表达式为

$$\ln RJADV_{it} = \alpha_{it} + \rho W_{ij} \ln RJADV_{it} + \beta_1 \ln URB_{it} + \beta_2 \ln OPE_{it} + \\ \beta_3 \ln FLX_{it} + \beta_4 \ln THI_{it} + \beta_5 \ln GOV_{it} + \beta_6 \ln DES_{it} + \varepsilon_{it}$$

$$(4-17)$$

其中，$\rho$ 表示空间自回归参数，其主要是对人均商贸流通产业增加值的空间溢出效应进行度量。空间滞后面板模型将周边地区的人均商贸流通产业增加值定义为影响因素，来探究邻近区域的人均商贸流通产业增加值对该地区商贸流通产业发展水平所产生的影响。

若模型的解释变量中，未将某些可能影响本地区商贸流通产业发展水平的因素包含在内，则需将误差项的空间滞后项引入模型

中，得到空间误差面板模型。 空间误差面板模型的表达式为

$$\ln RJADV_{it} = \alpha_{it} + \beta_1 \ln URB_{it} + \beta_2 \ln OPE_{it} + \beta_3 \ln FLX_{it} +$$
$$\beta_4 \ln THI_{it} + \beta_5 \ln GOV_{it} + \beta_6 \ln DES_{it} + \varepsilon_{it} \quad （4-18）$$
$$\varepsilon_{it} = \lambda W_{ij} \varepsilon_{it} + \mu_{it}$$

其中，$\lambda$ 表示误差项的空间自回归系数；$\varepsilon_{it}$ 表示空间误差项。 空间误差面板模型揭示了随机因素的存在，不仅影响本地区的人均商贸流通产业增加值，还会影响周边地区的人均商贸流通产业增加值。

若将自变量和因变量的空间自相关性同时纳入模型，则需在模型中加入因变量的空间滞后项与自变量的空间滞后项，从而得到空间杜宾模型（SDM）。 空间杜宾模型的表达式为

$$\ln RJADV_{it} = \alpha_{it} + \rho W_{ij} \ln RJADV_{it} + \beta_1 \ln URB_{it} + \beta_2 \ln OPE_{it} +$$
$$\beta_3 \ln FLX_{it} + \beta_4 \ln THI_{it} + \beta_5 \ln GOV_{it} + \beta_6 DES_{it} +$$
$$\alpha_1 W_{ij} \ln URB_{it} + \alpha_2 W_{ij} \ln OPE_{it} + \alpha_3 W_{ij} \ln FLX_{it} +$$
$$\alpha_4 W_{ij} \ln THI_{it} + \alpha_5 W_{ij} \ln GOV_{it} + \alpha_6 W_{ij} \ln DES_{it} + \varepsilon_{it}$$

$$（4-19）$$

### 三、空间权重矩阵设定

合理设定空间计量模型中的空间权重矩阵，对于准确测度变量的空间溢出效应，起着至关重要的作用（詹厚龙，2014）。 在空间经济计量学领域，研究空间溢出效应的最常用方法是将 $w_{ij}$ 定义为地区 $i$ 与地区 $j$ 之间的地理邻接性，再得到邻接空间权重矩阵。 但在实际应用中，我们发现，商贸流通产业空间溢出效应的发挥不仅与地理空间距离或地理邻接性有关，通常还与一个地区本身的经济发展水平有关。 在商贸流通异常活跃和信息传播迅速的今天，距离不再是知识传播和技术转移的主要障碍，借助逐渐崛起的物联网和发达的互联网，知识传播和技术转移变得十分便捷。 可见，一个地区的经济发展水平对商贸流通产业的空间溢出效应也存在较大影响。 基于此，本部分参考张征宇（2010）的研究，在传统空间权重矩阵的基础上，考虑将地理距离和经济因素同时纳入其中，进而新设定

一个空间权重矩阵，并开展估计结果的稳健性检验。

本部分将距离空间权重矩阵定义为 $W^G$，$w_{ij}^G$ 代表 $i$ 地区与 $j$ 地区的地理距离；将经济空间权重矩阵设定为 $W^E$，根据区域间经济发展水平来进行定义，即 $w_{ij}^E = 1/|inc_i - inc_j|/S_i^E$，其中 $inc_i$ 代表省区市 $i$ 的人均收入，$inc_j$ 代表省区市 $j$ 的人均收入，$S_i^E$ 代表除去给定的 $i$ 省区市以外其他所有省区市 $1/|inc_i - inc_j|$ 数值的总和。借鉴 Case et al.（1993）的做法，本部分采用一个嵌套权重矩阵，该矩阵同时包含上述设定的距离空间权重矩阵与经济空间权重矩阵，即

$$W_n(\phi) = (1-\phi)W_n^G + \phi W_n^E \qquad (4\text{-}20)$$

其中，$\phi \in [0,1]$，$\phi$ 值的大小决定了经济因素和地理因素在空间权重矩阵中所占的比重。$\phi$ 取值越趋近于 0，意味着空间权重矩阵越接近于地理相邻性；$\phi$ 取值越趋近于 1，表示空间权重矩阵越接近于经济发展水平的相邻性。

## 四、模型形式的检验及选择

对于空间计量模型形式的选择，一般通过估计 LM-Error、LM-Lag 及 Robust LM-Error、Robust LM-Lag 等统计量来实现。Elhorst（2010）给出模型检验的基础步骤：①对普通面板模型进行 LM 检验与 Robust LM 检验估计，根据估计结果选择模型形式，即空间滞后面板模型或空间误差面板模型。若计算所得的检验统计量结果不显著，说明无须在模型中纳入空间因素，采用普通面板模型即可；若 LM-Lag 相比于 LMERR 具有更高的显著性，且 R-LMLAG 显著而 R-LMERR 不显著，则可以确定采用空间滞后面板模型更符合实际；如果 LM-Error 相较于 LM-Lag 具有更高的显著性，且 Robust LM-Error 显著而 Robust LM-Lag 不显著，则可以确定采用空间误差面板模型更符合实际；若统计量均通过显著性检验，则可以考虑采用空间杜宾模型。②通过 Wald 检验来判断采用空间杜宾模型是否合理。若原假设被拒绝，则选择空间杜宾模型较为合理。

本部分基于设定的嵌套空间权重矩阵，取参数 $\phi$ 的变化步长为 0.1，将对应的空间权重矩阵分别引入 LM 检验及 Robust LM 检验，再根据检验结果判断是否选用空间面板模型。借助 MATLAB 软件，得到的计算结果见表 4-2 所示。

表 4-2　面板模型的 LM、Robust LM 检验结果

| $\phi$ | 0 | 0.1 | 0.2 | 0.3 | 0.4 | 0.5 |
|---|---|---|---|---|---|---|
| LM-Lag | 195.0868 | 195.3644 | 195.6751 | 196.0164 | 196.3728 | 196.6905 |
| P | 0.00 | 0.00 | 0.00 | 0.00 | 0.00 | 0.00 |
| Robust LM-Lag | 147.9357 | 147.6367 | 147.2436 | 146.7078 | 145.9429 | 144.7818 |
| P | 0.00 | 0.00 | 0.00 | 0.00 | 0.00 | 0.00 |
| LM-Error | 64.6523 | 65.7429 | 67.0773 | 68.7445 | 70.8808 | 73.7019 |
| P | 0.00 | 0.00 | 0.00 | 0.00 | 0.00 | 0.00 |
| Robust LM-Error | 17.5011 | 18.0152 | 8.6458 | 19.4359 | 20.4508 | 21.7932 |
| P | 0.00 | 0.00 | 0.00 | 0.00 | 0.00 | 0.00 |
| $\phi$ | 0.6 | 0.7 | 0.8 | 0.9 | 1.0 | |
| LM-Lag | 196.7968 | 196.0973 | 192.139 | 170.9871 | 46.4905 | |
| P | 0.00 | 0.00 | 0.00 | 0.00 | 0.00 | |
| Robust LM-Lag | 142.8639 | 139.2815 | 131.1722 | 105.9524 | 12.1851 | |
| P | 0.00 | 0.00 | 0.00 | 0.00 | 0.00 | |
| LM-Error | 77.5593 | 83.0126 | 90.6732 | 97.9907 | 72.4477 | |
| P | 0.00 | 0.00 | 0.00 | 0.00 | 0.00 | |
| Robust LM-Error | 23.6265 | 26.1968 | 29.7065 | 32.9560 | 38.1423 | |
| P | 0.00 | 0.00 | 0.00 | 0.00 | 0.00 | |

从表 4-2 可以看出，LM 检验中所有的统计量均通过显著性检验，可知将空间因素纳入模型构建较为合理。 通过对 LM 检验和 Robust LM 检验结果的详细考察发现，空间滞后面板模型和空间误差面板模型都通过显著性检验，那么最好选择空间杜宾面板模型来开展分析。 再进一步进行 Wald 检验，判断空间杜宾模型是否应该被选择。 Wald 检验结果见表 4-3。

**表 4-3　空间面板模型的 Wald 检验结果**

| $\phi$ | 0.0 | 0.1 | 0.2 | 0.3 | 0.4 | 0.5 |
|---|---|---|---|---|---|---|
| Wald_spatial _lag | 50.0224 | 50.1334 | 52.2149 | 52.0913 | 58.2435 | 61.9384 |
| P | 0.00 | 0.00 | 0.00 | 0.00 | 0.00 | 0.00 |
| Wald_spatial _error | 28.1718 | 28.0911 | 30.4242 | 29.7727 | 36.5990 | 39.8827 |
| P | 0.00 | 0.00 | 0.00 | 0.00 | 0.00 | 0.00 |
| $\phi$ | 0.6 | 0.7 | 0.8 | 0.9 | 1.0 | |
| Wald_spatial _lag | 67.8759 | 79.8454 | 93.0088 | 123.0064 | 85.4540 | |
| P | 0.00 | 0.00 | 0.00 | 0.00 | 0.00 | |
| Wald_spatial _error | 44.8837 | 54.9183 | 61.2507 | 66.8894 | 30.6910 | |
| P | 0.00 | 0.00 | 0.00 | 0.00 | 0.00 | |

表 4-3 的检验结果显示，在 5% 的显著性水平下，无论是空间滞后面板模型还是空间误差面板模型都通过了 Wald 检验，故确定选择空间杜宾模型来开展分析。

# 第三节 模型估计结果及分析

## 一、空间权重矩阵的确定

由于不同 $\phi$ 值对应的空间权重矩阵的检验结果，均显示空间杜宾回归模型较为合适。 故本节采用不同 $\phi$ 值下的空间权重矩阵对模型进行参数估计，再根据商贸流通产业空间溢出效应系数 $\rho$ 的 t 统计量和模型回归拟合优度来确定最佳的 $\phi$ 取值，具体估计结果见表 4-4。

表 4-4 不同空间权重矩阵下的估计结果

| $\phi$ | 0 | 0.1 | 0.2 | 0.3 | 0.4 | 0.5 |
|---|---|---|---|---|---|---|
| $\rho$ 的 t 统计量 | 7.5714 | 7.5840 | 7.6836 | 7.7188 | 8.1008 | 8.4231 |
| $R^2$ | 0.9872 | 0.9874 | 0.9873 | 0.9876 | 0.9873 | 0.9875 |
| $\rho$ | 0.1700 | 0.1850 | 0.2190 | 0.2360 | 0.3080 | 0.3590 |
| $\phi$ | 0.6 | 0.7 | 0.8 | 0.9 | 1.0 | |
| $\rho$ 的 t 统计量 | 8.9753 | 10.0514 | 11.6606 | 11.5283 | 11.2167 | |
| $R^2$ | 0.9879 | 0.9882 | 0.9888 | 0.9884 | 0.9844 | |
| $\rho$ | 0.4210 | 0.5060 | 0.5680 | 0.5710 | 0.5930 | |

从表 4-4 的估计结果可以看出，空间溢出效应系数 $\rho$ 的 t 统计量和模型拟合优度均呈现倒 "V" 形变化，当 $\phi$ 取 0.8 时，$\rho$ 的 t 统计量和 $R^2$ 都取得最大值。 故而，$\phi$ 的变化步长为 0.1 的情况下，当 $\phi$ 取 0.8 时，即经济因素占到 80% 的比例、地理距离因素占到 20% 的比例时，得到最佳的空间权重矩阵。

## 二、空间杜宾模型的估计结果

基于面板数据的空间杜宾模型包括两种形式：个体固定效应空

间杜宾模型与个体随机效应空间杜宾模型。本部分借助 MATLAB 软件的空间计量分析工具箱，运用极大似然估计方法，分别给出当 $\phi$ 取 0.8 时，上述两种模型的参数估计结果，见表 4-5。

表 4-5　31 个省区市空间杜宾模型的参数估计结果

| 变量 | 空间杜宾模型 | |
|---|---|---|
| | 个体固定效应 | 个体随机效应 |
| URB | 0.7952 *** (6.6459) | 0.7742 *** (12.9886) |
| OPE | 0.0611 *** (3.2258) | 0.1120 *** (6.8695) |
| FLX | 0.0980 *** (3.4489) | 0.1862 *** (5.0196) |
| THI | 0.6509 *** (8.8494) | 0.4751 *** (6.6511) |
| GOV | 0.1049 * (1.7099) | −0.1390 *** (−4.076) |
| DES | 0.0445 * (1.7499) | −0.0656 *** (−4.2082) |
| W·URB | −1.7073 *** (−8.0204) | 0.8515 *** (7.8459) |
| W·OPE | 0.0985 *** (3.7543) | 0.1746 *** (6.3827) |
| W·FLX | 0.0853 ** (2.0308) | 0.1638 (1.6167) |
| W·THI | −0.0889 ** (−1.9956) | −0.5264 *** (−3.2633) |
| W·GOV | 0.1329 *** (2.2571) | −0.2048 *** (−3.4672) |
| W·DES | −0.0312 *** (−3.2848) | −0.1667 *** (−4.724) |
| $\rho$ | 0.5680 *** (11.6606) | −0.0560 (−1.5287) |

| 变量 | 空间杜宾模型 | |
|---|---|---|
| | 个体固定效应 | 个体随机效应 |
| $R^2$ | 0.9888 | 0.9591 |
| Log-likelihood | 460.3833 | −341.82 |
| Hausman 检验 | | 0.0000*** |

注：***、**、* 分别表示在 1％、5％、10％水平下显著，括号内为 t 统计量，下同。

　　根据表 4-5 的模型估计结果，个体固定效应空间杜宾模型的拟合优度值（0.9888）大于个体随机效应空间杜宾模型的拟合优度值（0.9591），这意味着个体固定效应空间杜宾模型的拟合效果更佳。同样，自然对数似然值的结果与拟合优度值一致，个体固定效应空间杜宾模型的自然对数似然值大于个体随机效应空间杜宾模型的自然对数似然值。此外，Hausman 检验的 P 值为 0，在 5％的显著性水平下拒绝个体随机效应空间杜宾模型优于个体固定效应空间杜宾模型的原假设。因此，本部分采用个体固定效应空间杜宾模型，对我国 31 个省区市商贸流通产业的溢出效应进行具体分析。

　　从估计结果可以看出，商贸流通产业空间溢出的系数估计值为 0.5680，通过 1％水平的显著性检验，说明邻近省区市的商贸流通产业之间存在显著的空间溢出效应，邻近省区市的商贸流通产业发展对本省区市商贸流通产业起到促进作用，若某省区市与商贸流通产业发展水平较高的省区市相邻，那么本省区市的商贸流通产业将从空间溢出效应中受益，验证我国省级商贸流通产业存在正向空间溢出效应的结论。

　　本部分所选取的城市化水平、对外开放程度、商贸流通产业固定资产投资、产业结构、政策支持及交通基础设施等解释变量与商贸流通产业发展水平之间存在显著的正相关关系。城市化水平、对外开放程度、商贸流通产业固定资产投资、产业结构的系数均通过显著性水平为 1％的检验，政策支持和交通基础设施通过 10％的显著性水平检验。解释变量的空间滞后项中，城市化水平、产业结构

和交通基础设施的空间滞后项系数分别为－1.7073、－0.0889、
－0.0312，系数为负且通过显著性检验，表明相邻省区市的城市化
水平、产业结构和交通基础设施对本地区的商贸流通产业发展水平
存在负向影响。 对外开放程度、商贸流通产业固定资产投资和政策
支持的空间滞后项系数分别为0.0985、0.0853、0.1329，系数为正说
明相邻省区市提高对外开放程度、商贸流通产业固定资产投资比重和
政策支持力度，对本省区市的商贸流通产业具有促进作用。

## 三、估计结果的稳健性检验

为了避免设定空间权重矩阵的主观随意性，接下来进一步用邻
接空间权重矩阵、地理距离倒数空间权重矩阵、经济距离空间权重
矩阵来检验空间杜宾模型估计结果的稳健性，具体结果见表4-6。

表4-6　不同空间权重矩阵下的模型估计结果

| 变量 | 地理经济权重矩阵 | 邻接空间权重矩阵 | 地理权重矩阵 | 经济权重矩阵 |
|---|---|---|---|---|
| URB | 0.7952 *** (6.6459) | 0.6665 *** (5.4949) | 0.5545 *** (4.4604) | 0.5615 *** (2.9459) |
| OPE | 0.0611 *** (3.2258) | 0.0113 (0.6837) | 0.0659 *** (3.1782) | －0.0661 *** (－2.7182) |
| FLX | 0.0980 *** (3.4489) | 0.0498 ** (2.0345) | 0.1259 *** (4.0324) | 0.0948 ** (2.4769) |
| THI | 0.6509 *** (8.8494) | 0.5635 *** (9.4831) | 0.5345 *** (6.9132) | 0.8769 *** (9.9490) |
| GOV | 0.1049 * (1.7099) | 0.0093 (0.1534) | 0.1087 * (1.6838) | 0.5893 *** (8.4668) |
| DES | 0.0445 * (1.7499) | 0.0263 (1.1389) | 0.0252 (0.9240) | 0.1626 *** (4.6300) |
| W·URB | －1.7073 *** (－8.0204) | 0.2109 (1.1043) | －0.5209 *** (－5.5908) | －0.3185 *** (－5.4220) |
| W·OPE | 0.0985 *** (3.7543) | －0.0243 (－0.8320) | 0.0312 *** (0.0009) | 0.0143 (1.2791) |

续　表

| 变量 | 地理经济权重矩阵 | 邻接空间权重矩阵 | 地理权重矩阵 | 经济权重矩阵 |
|------|------------------|------------------|--------------|--------------|
| W・FLX | 0.0853**<br>(2.0308) | 0.0911**<br>(1.7542) | 0.0350<br>(2.4925) | 0.0061<br>(0.3629) |
| W・THI | −0.0889**<br>(−1.9956) | −0.5067***<br>(−5.2355) | −0.0230*<br>(−1.8878) | −0.2543***<br>(−9.9059) |
| W・GOV | 0.1329***<br>(2.2571) | 0.1572**<br>(1.7527) | 0.0402**<br>(2.1218) | −0.1839***<br>(−6.4381) |
| W・DES | −0.0312***<br>(−3.2848) | 0.0050<br>(0.1551) | −0.0088***<br>(−3.1693) | −0.0279***<br>(−3.4733) |
| $\rho$ | 0.5680***<br>(11.6606) | 0.6519***<br>(15.4633) | 0.1700***<br>(7.5714) | 0.2860***<br>(46.6268) |
| $R^2$ | 0.9888 | 0.9916 | 0.9872 | 0.9791 |
| Log-likelihood | 460.3833 | 456.7878 | 453.4899 | 310.337 |

　　将邻接空间权重矩阵、地理距离倒数空间权重矩阵和经济距离空间权重矩阵的估计结果，与地理经济空间权重矩阵的估计结果对比分析，可知代表商贸流通产业空间溢出效应的系数($\rho$)估计值均为正，且均通过1%水平的显著性检验，说明省区市之间的商贸流通产业确实存在显著为正的空间溢出效应。在上述 4 种空间权重矩阵下，城市化水平、对外开放程度、商贸流通产业固定资产投资、产业结构、政策支持及交通基础设施对商贸流通产业的影响系数均为正，与地理经济空间权重矩阵的估计结果也是一致的；另外，解释变量空间滞后项的系数符号方向，与之前的估计结果一致。

　　基于邻接空间权重、地理空间权重和经济空间权重矩阵的估计结果，与基于地理经济距离空间权重矩阵的估计结果具有一致性，说明模型估计结果较为可靠。故下文基于地理经济空间权重矩阵开展空间溢出效应的分解及分地区溢出效应的估计。

### 四、空间溢出效应的分解

空间杜宾模型的一个突出优势是可以通过 Lesage（2009）提出的偏微分方法对解释变量的影响效应进行分解，将各自变量影响因变量的总效应分解为直接效应和间接效应。其中，直接效应表示解释变量直接对本地区因变量造成的影响，又称为本地效应；间接效应表示解释变量通过地区之间的空间关联性而对因变量造成的影响，又称为溢出效应或外部效应。其具体计算方法为

$$Y = (I - \rho W)^{-1} \alpha l_n + (I - \rho W)^{-1}(X_t \beta + W X_t \theta) + (I - \rho W)^{-1} \varepsilon$$

（4-21）

整理得：

$$Y = \sum_{r=1}^{k} S_r(W) x_r + V(W) l_n \alpha + V(W) \varepsilon$$ （4-22）

其中，$S_r(W) = V(W)(I_n \beta + W \theta_r), V(W) = (I_n - \rho W)^{-1}, I_n$ 为 $n$ 阶单位矩阵。将上式转换成矩阵的形式，得到：

$$\begin{bmatrix} y_1 \\ y_2 \\ \vdots \\ y_n \end{bmatrix} = \sum_{r=1}^{k} \begin{bmatrix} S_r(W)_{11} & S_r(W)_{12} & \cdots & S_r(W)_{in} \\ S_r(W)_{21} & S_r(W)_{12} & \cdots & S_r(W)_{2n} \\ \cdots & \cdots & \ddots & \cdots \\ S_r(W)_{n1} & \cdots & \vdots & S_r(W)_{m} \end{bmatrix} \begin{bmatrix} x_{1r} \\ x_{2r} \\ \vdots \\ x_{nr} \end{bmatrix} + V(W) \varepsilon$$

（4-23）

总效应（ATI）、直接效应（ADI）和间接效应（AII）的计算公式分别为

$$\overline{M}(r)_{ATI} = n^{-1} I_n S_r(W)_{I_n}$$

$$\overline{M}(r)_{ADI} = n^{-1} tr[S_r(W)]$$ （4-24）

$$\overline{M}(r)_{AII} = \overline{M}(r)_{ATI} - \overline{M}(r)_{ADI}$$

本部分采用基于地理经济空间权重的空间杜宾模型的偏微分方法对自变量的影响效应进行分解，具体结果见表 4-7。

表 4-7 空间杜宾模型中解释变量的效应分解

| 变量 | 总效应 | 直接效应 | 间接效应 |
|------|--------|----------|----------|
| URB | 1.5355 *** (14.7226) | 0.7360 *** (11.9629) | 0.7994 *** (8.0077) |
| OPE | 0.2719 *** (7.6146) | 0.1058 *** (6.4848) | 0.1662 *** (6.1216) |
| FLX | 0.3271 *** (2.9686) | 0.1791 *** (4.8162) | 0.1480 (1.4881) |
| THI | -0.0444 (-0.2418) | 0.4984 *** (7.3338) | -0.5429 *** (-3.3893) |
| GOV | -0.3283 *** (-5.4141) | -0.1316 *** (-3.7846) | -0.1967 *** (-3.4572) |
| DES | -0.2196 *** (-5.9704) | -0.0592 *** (-3.6989) | -0.1604 *** (-4.7754) |

由表 4-7 的估计结果可知，城市化水平、对外开放程度、商贸流通产业固定资产投资的总效应显著性为正，且通过显著性检验，说明这些因素对商贸流通产业发展水平具有显著的促进作用。城市化水平、对外开放程度、商贸流通产业固定资产投资及产业结构的直接效应显著，且均为正，表明这些因素对本地区商贸流通产业具有正向影响。

城市化水平、对外开放程度、产业结构的间接效应也较为显著，且变量系数大于直接效应中解释变量的系数，说明这些因素在区域间的间接效应要强于在区域内的直接效应。

## 第四节 分地区的模型估计与检验

将全国 31 个省区市分为东部、中部、西部及东北四大地区来看，不同地区的商贸流通产业分布不均衡，东部地区的人均商贸流通产业增加值最高，东北地区次之，中部地区处于第三位，西部地区最低。 下面分别对四大地区开展空间杜宾模型的估计及检验：首先，计算东部、中部、西部及东北地区 2005—2015 年人均商贸流通产业增加值的 Moran's I 值，结果均呈现出显著的空间正相关性；其次，结合 LM 检验，确定对四大地区均采用空间杜宾模型来进行估计，较为合适；最后，分别对四大地区开展空间杜宾模型的估计及检验，具体见表 4-8。

表 4-8　东部、中部、西部及东北地区的空间杜宾模型估计结果

| | 东部地区 | 中部地区 | 西部地区 | 东北地区 |
|---|---|---|---|---|
| URB | 1.7874 *** (9.0919) | 1.2474 (4.2339) | 2.5339 *** (8.3976) | 1.8259 *** (3.2488) |
| OPE | 0.0631 (1.5962) | 0.0705 (1.9884) | 0.0378 (1.2423) | −0.1192 (−1.2683) |
| FLX | 0.0425 (1.1350) | 0.1711 (4.5093) | −0.0487 (−0.9162) | 0.0935 (1.4343) |
| THI | 0.8677 *** (6.0073) | −0.1252 (−1.3634) | 0.6062 *** (4.7151) | 0.6277 *** (5.0721) |
| GOV | 0.1294 (1.3468) | 0.0757 (0.5474) | 0.1375 (1.4639) | −0.1579 * (−1.6491) |
| DES | 0.0906 ** (2.4040) | 0.0621 (0.8628) | −0.0334 (−0.8525) | −0.4352 * (−1.7568) |
| W · URB | 0.6468 ** (2.0803) | 0.6430 (1.6229) | 0.4952 *** (3.1918) | 3.4368 *** (6.0881) |
| W · OPE | −0.2017 *** (−2.7319) | −0.0983 (−2.2349) | −0.0365 (−1.4654) | −0.3165 *** (−3.9043) |
| W · FLX | −0.1931 ** (−2.3310) | −0.0652 (−0.8524) | −0.0116 (−0.3619) | −0.3859 *** (−4.8967) |
| W · THI | −1.0071 *** (−4.3817) | 0.1175 (0.8397) | −0.0015 (−0.0207) | −0.7408 *** (−3.3615) |
| W · GOV | −0.1116 (−0.8328) | −0.2659 (−1.2352) | −0.0113 (−0.2430) | 0.2438 ** (2.0040) |
| W · DES | −0.0048 (−0.0985) | −0.0314 (−0.4620) | 0.0346 * (1.7829) | 0.6280 *** (2.5097) |

续　表

| | 东部地区 | 中部地区 | 西部地区 | 东北地区 |
|---|---|---|---|---|
| $\rho$ | 0.4049 *** (5.5927) | 0.4460 *** (4.5071) | −0.1510 *** (−3.7526) | 0.1210 ** (1.9624) |
| R² | 0.9921 | 0.9892 | 0.9741 | 0.9958 |
| Log-likelihood | 179.1958 | 122.6971 | 149.2504 | 75.8307 |
| Huasman | 0.0000 *** | 0.0000 *** | 16.05 ** | 13.08 ** |
| LM-Lag | 16.8975 *** | 15.8153 *** | 13.0547 ** | 5.6858 ** |
| Robust LM-Lag | 17.8817 *** | 18.1462 *** | 13.3510 ** | 27.3974 *** |
| LM-Error | 8.3350 *** | 1.0882 * | 2.3431 * | 3.3381 * |
| Robust LM-Error | 9.3191 *** | 3.4191 * | 2.9233 * | 25.0497 *** |
| Wald_spatial_lag | 91.1342 *** | 24.9741 *** | 23.5728 *** | 373.4553 *** |
| Wald_spatial_error | 83.3275 *** | 17.5996 *** | 11.4542 ** | 151.6799 *** |

从表 4-8 可以看出,东部、中部和西部地区人均商贸流通产业增加值的空间滞后项系数均通过 1% 的显著性水平检验,东北地区通过 5% 水平的显著性检验。 东部、中部和东北地区的系数为正数,表明这三大地区的商贸流通产业存在显著的正向空间溢出效应;西部地区的 $\rho$ 系数为负,表明西部地区的商贸流通产业存在负向空间溢出效应。 假定在其他条件相同的情况下,比较系数值可知,中部地区的溢出效应最强,东部地区次之,东北地区和西部地区的溢出效应较弱。

同样采用偏微分方法,本部分利用 MATLAB 空间计量包分别计算东部地区、中部地区、西部地区和东北地区的商贸流通产业的空间溢出效应,结果见表 4-9。

由表 4-9 可知,东部地区商贸流通产业的影响因素中,城市化水平的总效应、直接效应和间接效应都通过 1% 的显著性水平检验,说明城市化水平的提高不仅对本地区商贸流通产业产生了直接影响,还会辐射带动邻近地区商贸流通产业水平的提高。 其中,直接效应系数大于间接效应系数,说明城市化水平的提高对本地区商贸流通产

表 4-9 各区域空间杜宾模型解释变量的效应分解

| 变量 | 东部地区 | | | 中部地区 | | | 西部地区 | | | 东北地区 | | |
|---|---|---|---|---|---|---|---|---|---|---|---|---|
| | 总效应 | 直接效应 | 间接效应 | 总效应 | 直接效应 | 间接效应 | 总效应 | 直接效应 | 间接效应 | 总效应 | 直接效应 | 间接效应 |
| URB | 2.2171*** (8.8328) | 1.8066*** (8.1292) | 0.4105*** (4.3607) | 3.4367*** (6.4365) | 1.4927*** (5.3230) | 1.9440*** (4.4044) | 2.6326*** (13.4578) | 2.4993*** (7.5665) | 0.1333 (0.7779) | 5.9878*** (15.0356) | 2.0988*** (4.9845) | 3.8889*** (8.0589) |
| OPE | −0.0322 (−0.6685) | −0.0057 (−0.1485) | −0.0265 (−1.3870) | −0.0537 (−0.4856) | 0.0558 (1.3624) | −0.1095 (−1.3684) | 0.0013 (0.0484) | 0.0501 (1.4263) | −0.0488 (−1.5371) | −0.4998** (−4.8362) | −0.1503 (−1.8201) | −0.3496** (−3.89606) |
| FLX | −0.0447 (−0.8215) | 0.0133 (0.3358) | −0.0580* (−2.1468) | 0.1840 (1.2860) | 0.1729*** (4.0137) | 0.0111 (0.0945) | −0.0519 (−0.9243) | −0.0478 (−0.8787) | −0.0041 (−0.1185) | −0.3364* (−2.9215) | 0.0625 (1.0072) | −0.39896** (−4.5568) |
| THI | 0.5094*** (3.2342) | 0.8430*** (5.5935) | −0.3336*** (−4.50554) | −0.0072 (−0.0326) | −0.1108 (−1.2565) | 0.1036 (0.5098) | 0.5271*** (4.4523) | 0.6318*** (4.6511) | −0.1046 (−1.2226) | −0.1339 (−0.5637) | 0.5769** (5.2044) | −0.7109* (−3.1487) |
| GOV | 0.4176*** (4.8345) | 0.3744*** (4.3544) | 0.0432 (1.3280) | −0.3641 (−0.9546) | 0.0279 (0.2000) | −0.3919 (−1.2231) | 0.1077 (1.4039) | 0.1469 (1.4286) | −0.0391 (−0.6726) | 0.0935 (0.4901) | −0.1421 (−1.4459) | 0.23567 (1.7946) |
| DES | 0.0952** (2.8826) | 0.0896** (2.5391) | 0.0055 (0.5539) | 0.0566 (0.7864) | 0.0645 (0.9298) | −0.0079 (−0.1131) | 0.0022 (0.0697) | −0.0426 (−1.0089) | 0.0448 (1.761) | 0.2180** (4.8424) | −0.3844 (−1.6783) | 0.6025* (2.5666) |

业的影响较大。 产业结构的总效应、直接效应和间接效应均通过显著性检验，直接效应系数为正，间接效应系数为负，说明产业结构的改善对本地区商贸流通产业发展具有促进作用，而对周边区域商贸流通产业发展产生抑制作用。 政策支持和交通基础设施的总效应和直接效应通过显著性检验，说明政府的政策支持和交通基础设施的改善对本地区商贸流通产业的发展产生了明显的促进作用。

在中部地区商贸流通产业的影响因素中，城市化水平的总效应、直接效应和间接效应都通过 1% 的显著性水平检验，且间接效应系数高于直接效应系数，说明中部地区城市化水平提高的空间溢出效应要大于直接效应。 中部地区商贸流通产业固定资产投资的直接效应通过 1% 的显著性水平检验，说明加大对中部地区商贸流通产业固定资产投资的力度对本地区商贸流通产业的发展起到促进作用。

西部地区商贸流通产业的影响因素中，城市化水平和产业结构的总效应和直接效应均通过 1% 的显著性水平检验，间接效应不显著，说明西部地区城市化水平的提高及产业结构的优化只对本地区产生明显的促进作用，对周边地区的溢出效应不明显。

东北地区城市化水平的总效应和间接效应通过 1% 的显著性检验，直接效应通过 5% 的显著性检验，间接效应的系数大于直接效应的系数，说明东北地区城市化水平提高的空间溢出效应强于对本地区商贸流通产业的影响。 对外开放程度和商贸流通产业固定资产投资的总效应和间接效应通过检验，但间接效应为负，这说明对外开放程度和商贸流通产业固定资产投资对周边地区商贸流通产业的发展起到一定的抑制作用。 产业结构的直接效应和间接效应通过检验，直接影响的系数为正，间接影响的系数为负，这说明产业结构的改善对本地区商贸流通产业的发展具有促进作用，对周边地区商贸流通产业的发展产生抑制作用。 交通基础设施的总效应和间接效应通过检验，表明交通基础设施改善的空间溢出效应较为明显。

# 第五章　省级商贸流通产业的空间异质性分析

利用空间杜宾模型开展省级面板数据的实证分析，结果显示，省区市商贸流通产业的发展存在明显的空间溢出效应，但同时也显示，不同地区商贸流通产业的空间溢出效应存在较大差异。为进一步考察商贸流通产业发展的地区异质性，有必要引入地理加权回归（GWR）模型，来反映各个省区市商贸流通产业发展及其受到各个因素影响的差异性特征。

## 第一节　空间异质性测度方法

空间异质性是因为地理空间上存在非匀质性，即由于中心区域和外围区域、发达区域和落后区域等经济地理结构的存在，从而导致社会经济现象在空间上存在差异特征。空间异质性常用来反映经济活动中各观测单元不稳定的经济行为关系，当空间相关性与异质性同时存在时，对研究对象空间特征的探讨就变得较为复杂，使得传统计量经济学方法的估计结果不具有有效性。一般空间计量模型主要用于分析空间自相关性即空间依赖性，而针对空间异质性问题则需要引入基于空间变系数的 GWR 模型来进行处理。

### 一、GWR

传统回归模型中通常假设在整个地理空间上的参数是相等的，即假定所测变量在空间上具有平稳性，但现实中区域对象的属性数据往往表现出空间非平稳性，使得回归模型估计的参数不具有现实意义。 地域差异和现象本身内在关系的变化是造成空间非平稳性的重要原因，譬如不同地区的自然资源、经济发展水平、政府管理和其他一些因素存在差异，而追求最大效用的人们往往根据自身偏好进行选择，这必然造成空间异质性的存在。

Tobler（1970）的地理学第一定律表示，区域数据之间存在着关联性，且关联程度与距离有关，距离越近，相关程度越高。 Foster & Gorr（1986）在回归模型中嵌入空间结构，让回归参数变成与观测点地理位置有关的函数，即变系数回归模型。 Fotheringham、Charlton & Brunsdon（1996）基于局部平滑的思想，对普通线性回归模型进行扩展，将数据的地理位置嵌入回归参数中而提出 GWR 模型，具体表达形式为

$$y_i = \beta_0(u_i, v_i) + \sum_{k=1}^{p} \beta_k(u_i, v_i) x_{ik} + \varepsilon_i \quad i = 1, 2, \cdots, n \quad (5\text{-}1)$$

式中，$(u_i, v_i)$ 为第 $i$ 个观测点的坐标，$\beta_k(u_i, v_i)$ 是位于第 $i$ 个观测点上的第 $k$ 个回归参数，$\varepsilon_i \sim N(0, \delta^2), Covv(\varepsilon_i, \varepsilon_j) = 0 (i \neq j)$。上式可以简记为

$$y_i = \beta_{i0} + \sum_{k=1}^{p} \beta_{ik} x_{ik} + \varepsilon_i \quad i = 1, 2, \cdots, n \quad (5\text{-}2)$$

GWR 模型中，参数在不同回归点的估计结果是不同的，因此参数估计的最小二乘法不再适用。 Fotheringham、Charlton & Brunsdon（1996）基于"观察数据离位置 $i$ 越近，则对 $\beta_k(u, v)$ 的估计影响越大"的思想，利用加权最小二乘法来估计参数，得到的估计结果为

$$\hat{\beta}(u_i, v_i) = [X^T W(u_i, v_i) X]^{-1} X^T W(u_i, v_i) Y \quad (5\text{-}3)$$

其中，$X = \begin{bmatrix} 1 & x_{11} & \cdots & x_{1k} \\ 1 & x_{21} & \cdots & x_{2k} \\ \cdots & \cdots & \cdots & \cdots \\ 1 & x_{n1} & \cdots & x_{nk} \end{bmatrix}, W(u_i, v_i) = W(i) = \begin{bmatrix} w_{i1} & 0 & \cdots & 0 \\ 0 & w_{i2} & \cdots & 0 \\ \cdots & \cdots & \cdots & \cdots \\ 0 & 0 & \cdots & w_{in} \end{bmatrix},$

$$\beta = \begin{bmatrix} \beta_0(u_1,v_1) & \beta_1(u_1,v_1) & \cdots & \beta_k(u_1,v_1) \\ \beta_0(u_2,v_2) & \beta_1(u_2,v_2) & \cdots & \beta_k(u_2,v_2) \\ \cdots & \cdots & \cdots & \cdots \\ \beta_0(u_n,v_n) & \beta_1(u_n,v_n) & \cdots & \beta_k(u_n,v_n) \end{bmatrix}, Y = \begin{bmatrix} y_1 \\ y_2 \\ \cdots \\ y_n \end{bmatrix}.$$

## 二、空间权重函数的选取

Brunsdon et al. (1999) 认为，GWR 模型的核心是空间权重函数。空间异质性的产生，是因为观察者所处的观测位置不同，而造成观测结果存在差异，也就是地理空间分布不匀衡而导致的区域差异。空间权重函数能反映地理位置变化、变量结构变化等特征，因此恰当的空间权重函数选择非常重要。下面介绍几种常用的空间权重函数确定方法。

### (一)距离阈值法

最简单的空间权重函数确定方法是距离阈值法。其主要通过选择恰当的距离 $D$，将回归点 $i$ 和 $j$ 间的距离 $d_{ij}$ 与 $D$ 比较，若距离 $d_{ij}$ 大于该值，则把权重记为 $0$；若距离 $d_{ij}$ 小于该值，则把权重记为 $1$。其表达式为

$$w_{ij} = \begin{cases} 1 & d_{ij} < D \\ 0 & d_{ij} > D \end{cases} \tag{5-4}$$

### (二)距离反比法

地理学第一定律认为，距离越近的事物具有更高的相关性。基于这种思想，在对回归点 $i$ 的参数进行估计时，应将更多的关注点放在回归点的邻域上。因此可利用空间距离来衡量这种关系，得到的权重函数为

$$w_{ij} = \frac{1}{d_{ij}^a} \tag{5-5}$$

式中，$\alpha$ 为合适的常数。虽然距离反比法简便易行，但如果回归点

就是样本点,那么回归点观测值权重就会变得无限大;如果直接将回归点从样本数据中剔除,又会降低参数估计的精度。 因此在进行地理加权回归模型参数估计时,距离反比法往往不经常被直接采用,需要进行修正。

### (三)高斯(Gauss)函数法

高斯函数法解决了权重函数不连续的问题,将 $w_{ij}$ 与 $d_{ij}$ 之间的关系用连续单调递减函数来表示。 其具体的函数形式为

$$w_{ij} = \exp[-(d_{ij}/b)^2] \tag{5-6}$$

式中, $b$ 是带宽,带宽的大小与空间权重函数的变化速度有密切关系。 伴随着距离的增加,带宽越大,权重减小的速度越慢;带宽越小,权重减小的速度越快。

### (四)bi-square 函数法

在该方法的实现过程中,对估计回归参数没有影响的数据不参与计算,在众多研究中常常用 bi-square 函数来替代高斯函数。 bi-square 函数形式如下:

$$w_{ij} = \begin{cases} [1 - (d_{ij}/b)^2]^2 & d_{ij} \leqslant b \\ 0 & d_{ij} > b \end{cases} \tag{5-7}$$

bi-square 函数法将距离阈值法和高斯函数法进行融合,对带宽范围外的回归点直接设定其权重为 0,带宽内数据点的权重用有限高斯函数来计算。

## 三、权重函数带宽优化

大量实证研究结果显示,GWR 模型对权重函数形式的选取不具有敏感性,但对带宽选择表现得非常敏感。 带宽过大容易导致回归参数估计结果过于平滑,带宽过小又容易导致回归参数估计结果的方差过大。 因此,带宽的确定对地理加权回归模型至关重要。

### （一）交叉验证法（CV）

Cleveland（1979）提出用基于局域回归分析的交叉验证方法（Cross-validation，CV）来克服计算"最小二乘平方和"时遇到的极限问题。 该方法的计算公式为

$$CV = \frac{1}{n} \sum_{i=1}^{n} [y_i - \hat{y}_{\neq i}(b)]^2 \tag{5-8}$$

式中，$\hat{y}_{\neq i}(b)$ 代表在估计回归参数时剔除 $i$ 地区的样本观测点，只根据其他地区的样本观测值进行估计的结果。 在此，根据计算结果，把不同的带宽 $b$ 及其 CV 值用趋势线来表示，以便找到与最小的 CV 值对应的最优带宽 $b$。

Loader（1999）进一步提出广义交叉验证方法（Generalized Cross-Validation，GCV）。 该方法的计算公式为

$$GCV = \frac{1}{n} \cdot \frac{\sum_{i=1}^{n} [y_i - \hat{y}_i(b)]^2}{\{1 - tr[S(b)/n]\}^2} = \frac{n \sum_{i=1}^{n} [y_i - \hat{y}_i(b)]^2}{\{n - tr[S(b)]\}^2} \tag{5-9}$$

在带宽数值较小的情况下，用于模型分析的参数个数接近总的样本量。 公式（5-9）中的分母估计值趋于零，可得到预测值 $y_i$ 趋向于 $\hat{y}_i(b)$。

### （二）AIC

Akaike 修正了参数估计方法，提出 Akaike 信息量准则（Akaike Information Criterion，AIC）。 AIC 的计算公式为

$$AIC = -2\ln L(\hat{\theta}_L, x) + 2q \tag{5-10}$$

式中，$\theta_L$ 表示参数 $\theta$ 的极大似然估计，$q$ 代表未知参数的数量。

Hurvich et al.（1998）将 AIC 扩展到非参数回归分析的光滑参数选择中。 基于 Hurvich 等的研究，Brunsdon & Fotheringham 进一步将其用于地理加权回归模型的权重函数带宽选择。 其计算公式为

$$AIC_C = 2n\ln(\hat{\sigma}) + n\ln(2\pi) + n\,\frac{n + tr(S)}{n - 2 - tr(S)} \qquad (5-11)$$

其中，$AIC_C$ 表示"修正后的"AIC 估计值，$n$ 是样本观测点个数，$\sigma$ 是误差项估计的标准离差，$tr(S)$ 是 GWR 模型的 S 矩阵的迹，是带宽的函数。

### （三）贝叶斯信息准则

SehwartZ（1978）提出贝叶斯信息准则（Bayesian Information Criterion，BIC），该准则可以使自回归模型的阶数适中，确定回归模型中的最优阶数。 Nakaya（2002）将 BIC 用于地理加权回归分析的权重函数带宽选择。 其计算公式为

$$BIC = -2\ln L(\hat{\theta}_L, x) + q\ln n \qquad (5-12)$$

式中，$\theta_L$ 表示参数 $\theta$ 的极大似然估计值，$q$ 表示未知参数的个数，$n$ 是样本总量。

# 第二节 权重函数和带宽的选择

## 一、权重函数的确定

相对于普通线性回归模型而言，GWR 模型具有以下优势：随着研究对象所处位置的不同，GWR 模型自变量的回归系数随之变化。因此，权重函数的选择是 GWR 模型构建合理与否的一个关键点。选取的权重函数不同，会导致各回归点估计值受观测点的影响程度存在差异，权重函数也就间接影响各变量的系数。 因此，GWR 模型的核心是选择合理的权重函数。

在各种常用的权重函数设定方法中，距离阈值法最为简单。 其将观测点之间的距离门槛设定为一个具体数字，距离之内的样本点会对本地区的商贸流通产业存在一定影响，超过该距离范围的样本

点的影响可以忽略不计。 显然，这种离散型权重函数的设定方法带有较强的主观臆断性，导致权重回归系数的巨大变动，缺乏稳定性。

基于距离阈值法得到的回归方程表达式缺乏稳定性。 因此 GWR 模型常采用高斯函数和双重平方函数。 这两个函数具有连续性，且是单调递减函数，影响程度随着距离的增加而逐渐减弱，直到接近于 0，但可以通过带宽 $b$ 来控制权重变动幅度，从而调节变化速度的快慢。 两个函数的不同之处在于：双重平方函数通过带宽 $b$ 控制作用的空间范围，样本点只有处于带宽 $b$ 的控制范围内才对观测点产生影响。 因此双重平方函数的带宽选取较为复杂，需要对带宽进行反复调试才能获取恰当的带宽值。

根据双重平方函数和高斯函数，利用 GWR4 软件，分别给出 2005 年、2010 年及 2015 年的 GWR 模型的估计结果，具体见表 5-1。

表 5-1　双重平方函数和高斯函数结果对比

| 年份 | AIC | | RSS | | $R^2$ | |
|------|------|------|------|------|------|------|
| | Fixed bi-square | Fixed Gaussian | Fixed bi-square | Fixed Gaussian | Fixed bi-square | Fixed Gaussian |
| 2005 | −21.0089 | −70.8024 | 0.3899 | 0.0302 | 0.9624 | 0.9971 |
| 2010 | −17.9871 | −72.7779 | 0.4219 | 0.0395 | 0.9595 | 0.9962 |
| 2015 | −5.9263 | −106.4291 | 0.6305 | 0.0097 | 0.9274 | 0.9989 |

对比表 5-1 中的估计结果，可以发现，高斯函数模拟的 AIC 值、RSS 值及 $R^2$ 值均比双重平方函数的结果更具有优势。 因此，选定高斯函数作为分析地区商贸流通产业空间异质性的权重函数。

## 二、带宽的确定

本部分采用交叉验证法（CV）来获取 GWR 模型的最优带宽。 本部分利用 GWR 4 软件的 Golden section search 功能找到 2005 年、2010 年及 2015 年的最小 CV 值及其对应的带宽值，具体结果见表 5-2。

表 5-2　各年最小 CV 值及最佳带宽

| 年份 | 2005 | 2010 | 2015 |
|---|---|---|---|
| CV 值 | 0.0711 | 0.1052 | 0.1304 |
| 最佳带宽 | 3.281 | 3.444 | 3.206 |

从表 5-2 的结果可知，通过 CV 得到的 2005 年、2010 年、2015 年最佳带宽分别为 3.281、3.444 和 3.206，故将这 3 个结果作为 2005 年、2010 年和 2015 年 GWR 模型高斯函数的宽带。

## 第三节　GWR 模型的实证分析结果

### 一、GWR 模型参数估计结果

GWR 模型适用于截面数据分析，本节选用高斯函数作为空间权重函数，进而选取对应年份的最优带宽，再利用 GWR 4 软件对相应年份的区域人均商贸流通产业增加值进行 GWR 的参数估计，其中 2015 年的估计结果见表 5-3，每个观测点（地区）都有 1 个截距项和 6 个回归系数与之相对应。

表 5-3　2015 年 GWR 模型的估计结果

| 地区 | URB | OPE | FLX | THI | GOV | DES |
|---|---|---|---|---|---|---|
| 北京 | 2.7887 *** | −0.2430 *** | 0.4203 | 0.0050 | −1.0311 *** | −0.0339 |
| 天津 | 2.3674 *** | −0.2592 *** | 0.4045 * | 0.2143 | −1.1692 *** | −0.1062 |
| 河北 | 2.7568 *** | −0.2867 *** | 0.4583 * | 0.1070 | −1.1959 *** | −0.0646 |
| 山西 | 2.6000 *** | −0.3101 *** | 0.5412 *** | 0.1481 | −1.2574 *** | −0.1076 |
| 内蒙古 | 2.6994 *** | −0.2766 *** | 0.8028 *** | 0.0854 | −1.0591 *** | −0.0612 |
| 辽宁 | −3.0059 *** | −0.1515 | 1.8150 *** | 2.3993 *** | −2.3866 *** | −0.8955 *** |
| 吉林 | −4.1358 *** | −0.3671 ** | 2.2261 *** | 3.3789 *** | −3.1749 *** | −1.1799 *** |

续　表

| 地区 | URB | OPE | FLX | THI | GOV | DES |
|------|-----|-----|-----|-----|-----|-----|
| 黑龙江 | −4.6680 *** | −0.6662 *** | 2.1835 *** | 4.3313 *** | −3.8405 *** | −1.3701 *** |
| 上海 | −0.1763 | 0.0352 | 0.3124 | 1.9716 *** | −1.2464 *** | −0.2255 *** |
| 江苏 | 0.2651 | −0.0048 | 0.3989 ** | 1.2516 *** | −1.3806 *** | −0.2999 *** |
| 浙江 | −0.0350 | 0.1186 | 0.3445 | 1.9770 *** | −1.0097 *** | −0.1218 |
| 安徽 | 0.4097 | 0.0253 | 0.3545 * | 1.1879 *** | −1.2628 *** | −0.2559 *** |
| 福建 | 0.5548 | 0.0891 | −0.0152 | 1.4200 *** | −0.8918 *** | −0.1586 *** |
| 江西 | 0.8090 | 0.0841 | 0.0638 | 1.2500 *** | −0.8323 *** | −0.1331 |
| 山东 | 1.6060 *** | −0.2473 *** | 0.5515 ** | 0.5463 ** | −1.4518 *** | −0.2331 *** |
| 河南 | 1.8002 *** | −0.2488 *** | 0.1504 | 0.2793 | −1.4546 *** | −0.2582 *** |
| 湖北 | 0.7129 | 0.0967 ** | 0.1877 | 1.1161 *** | −0.9379 *** | −0.1241 *** |
| 湖南 | 0.6917 * | 0.1078 ** | 0.0768 | 1.3509 *** | −0.5790 *** | −0.0515 |
| 广东 | 1.3898 ** | 0.0053 | 0.5711 ** | 0.9791 ** | −0.4665 ** | −0.1298 ** |
| 广西 | 2.8504 ** | −0.0753 | 0.5781 | 0.1013 | 0.1291 | 0.0398 |
| 海南 | 2.9195 *** | −0.1228 | 1.1882 *** | −0.0765 | −0.1478 | −0.0068 |
| 重庆 | 2.0247 *** | 0.1244 ** | −0.0166 | 0.7416 ** | 0.0310 | 0.1121 ** |
| 四川 | 2.9058 *** | 0.2169 ** | 0.1977 | 0.8233 * | 0.1356 | 0.2596 *** |
| 贵州 | 2.3308 *** | −0.0004 | −0.1068 | 0.6649 | 0.2692 | 0.0624 |
| 云南 | 2.8193 ** | −0.0366 | −0.1533 | 0.5450 | 0.3463 | 0.1072 |
| 西藏 | −1.1876 | 0.1908 | −0.6554 | −0.8388 | −0.2138 | −0.3491 ** |
| 陕西 | 2.0379 *** | −0.0856 | 0.3068 *** | 0.2449 | −0.5762 *** | 0.0264 |
| 甘肃 | 3.3567 *** | −0.0736 | 0.4806 *** | 1.0278 *** | −0.1999 | 0.1796 |
| 青海 | 3.3317 *** | 0.0128 | 0.4107 | 1.0667 ** | −0.0822 | 0.2059 |
| 宁夏 | 2.5730 *** | −0.3884 *** | 0.8041 *** | 0.3782 | −0.8082 *** | −0.0336 |
| 新疆 | −0.0122 | 0.4012 *** | 0.1335 | −1.1392 | 0.1057 | −0.0755 |

　　从 GWR 模型的参数估计结果可以发现，不同地区的自变量参数估计值存在较大差异，这表明同一因素对商贸流通产业的影响效应在全国 31 个省区市中存在明显不同。

1.城市化水平。

2015年除辽宁、吉林、黑龙江、上海、浙江、西藏和新疆地区之外,大部分地区城市化水平系数为正数,且处于0.2651~3.3567区间,反映出多数省区市城市化水平对商贸流通产业产生明显的正向促进作用。 2015年城市化水平系数较高的地区主要集中于北京、天津、河北、广西、四川、海南、云南、甘肃、青海、宁夏,说明这些地区城市化水平的提高对地区商贸流通产业的促进作用较大;系数为负的地区,说明它们的城市化水平与商贸流通产业的发展呈现出不一致性。

2.对外开放程度。

2015年对外开放程度对地区商贸流通产业影响效应较大的地区主要分布在我国西部地区和中部地区。 西部地区中新疆、西藏、四川、重庆的对外开放程度对其商贸流通产业的影响最大,系数最高的为新疆,达0.4012;中部地区的湖北影响效应最大,系数为0.0967;东部地区的浙江、福建具有最强的影响效应,系数分别为0.1186和0.0891。 北京、上海、江苏、山东、辽宁等较早对外开放地区的系数则不是很高,原因可能在于近年来这些地区的对外开放程度变化不大,对商贸流通产业的影响效应也接近饱和,故对商贸流通产业的影响不突出。

3.商贸流通产业固定资产投资。

2015年我国各地区固定资产投资对商贸流通产业的影响系数集中于-0.6554~2.2261之间,区域之间差异较大。 系数值较大的地区主要集中在我国东部和东北地区,其中影响效应最大的是吉林省,其系数达到2.2261;而我国西部地区和中部地区的系数值相对较小,其中影响力最小的是西藏,系数为-0.6554。

4.产业结构。

2015年我国不同地区产业结构的系数也存在较大差异,其中从东南沿海地区到西北地区产业结构的系数逐渐变小,说明东部沿海地区的产业结构对商贸流通产业的发展具有明显的促进作用,而西部地区的影响效应还有待进一步提升。

5.政策支持。

2015 年我国大部分地区的政策支持对商贸流通产业的影响系数为负值,说明政府的干预对市场化程度较高的商贸流通产业的发展往往起到抑制作用。 其中,系数值较大的区域主要集中在我国中部地区和西部地区,说明中部地区和西部地区政府对商贸流通产业发展的干预较为明显。

6.交通基础设施。

交通基础设施对商贸流通产业发展的影响效应较大的区域主要集中于我国中部地区和西部地区。 东部地区和东北地区经济发展水平较高,交通基础设施较为完善,中部地区和西部地区整体交通基础设施还不太完善,故加强交通基础设施建设对其商贸流通产业的影响较为明显。

为反映各变量对商贸流通产业发展影响效应差异的变动情况,本节进一步选取 2005 年、2010 年及 2015 年的 GWR 模型结果进行比较分析,从时间角度反映空间异质性的变化情况,具体结果见表 5-4。

从表 5-4 的 GWR 模型估计结果可以看出:URB、OPE、FLX、THI、GOV、DES 等 6 个自变量的模型估计参数变动幅度较大。2005 年和 2010 年的城市化水平系数值为正,系数值分别在 0.0412～2.5282 和 0.5384～4.2041 之间;2015 年除辽宁、吉林、黑龙江、上海、浙江和新疆之外,其他地区的城市化水平系数值为正且在0.2651～3.3567之间,说明多数地区城市化水平对商贸流通产业具有促进作用。 在 2005 年至 2015 年期间,对外开放程度影响系数值为负的地区占比有所增多。 对比固定资产投资 2005 年至 2015年的系数,结果发现,随着时间的推移,商贸流通产业固定资产投资对商贸流通产业的影响效应具有增强趋势。 从 2005 年至 2015年,产业结构对区域商贸流通产业的影响逐渐加强,影响效果越来越显著,且影响系数大部分为正值,说明产业结构的优化升级对商贸流通产业起到促进作用。 2005 年,政策支持仅对北京、天津、河北、山西、内蒙古、重庆等省区市的商贸流通产业产生明显影响,

表 5-4(1)　2005年、2010年和2015年GWR模型的估计结果

| 年份 | URB | | | OPE | | |
|---|---|---|---|---|---|---|
| | 2005 | 2010 | 2015 | 2005 | 2010 | 2015 |
| 北京 | 2.5282*** | 2.6807*** | 2.7887*** | -0.1117 | -0.2303 | -0.2430*** |
| 天津 | 2.4105*** | 2.6045*** | 2.3674*** | -0.0851 | -0.2002*** | -0.2592*** |
| 河北 | 2.3782*** | 2.6343*** | 2.7568*** | -0.0478 | -0.1657** | -0.2867*** |
| 山西 | 2.2844*** | 2.5582*** | 2.6000*** | -0.0091 | -0.1278 | -0.3101*** |
| 内蒙古 | 2.3525*** | 2.6403*** | 2.6994*** | -0.0590 | -0.1851** | -0.2766*** |
| 辽宁 | 0.1761 | 1.5575*** | -3.0059*** | 0.3921* | -0.1537** | -0.1515 |
| 吉林 | 0.0849 | 1.4871*** | -4.1358*** | 0.4115* | -0.1551** | -0.3671** |
| 黑龙江 | 0.0412 | 1.6435*** | -4.6680*** | 0.4215* | -0.2084*** | -0.6662*** |
| 上海 | 1.8546*** | 2.6468*** | -0.1763 | 0.1085 | -0.0298 | 0.0352 |
| 江苏 | 1.7841*** | 1.7154*** | 0.2651 | 0.0914 | -0.0433 | -0.0048 |
| 浙江 | 1.9004*** | 2.4849*** | -0.0350 | 0.0862 | -0.0737 | 0.1186 |
| 安徽 | 1.7765*** | 1.4458*** | 0.4097 | 0.0740 | -0.0598 | 0.0253 |
| 福建 | 1.9080 | 1.2757** | 0.5548 | 0.0057 | -0.0579 | 0.0891 |
| 江西 | 1.8082*** | 0.7677 | 0.8090 | -0.0060 | -0.0567 | 0.0841 |
| 山东 | 2.2230*** | 2.2294*** | 1.6060*** | -0.0190 | -0.0617 | -0.2473*** |
| 河南 | 1.9671*** | 1.9937*** | 1.8002*** | 0.0677 | -0.0274 | -0.2488*** |

续 表

| 年份 | URB | | | OPE | | |
|---|---|---|---|---|---|---|
| | 2005 | 2010 | 2015 | 2005 | 2010 | 2015 |
| 湖北 | 1.6449*** | 0.7285** | 0.7129 | 0.0340 | −0.0430 | 0.0967** |
| 湖南 | 1.2886*** | 0.7525*** | 0.6917* | 0.0588 | −0.0369 | 0.1078** |
| 广东 | 1.2326** | 0.5384 | 1.3898** | 0.0397 | −0.0064 | 0.0053 |
| 广西 | 1.3497 | 1.1414** | 2.8504** | 0.0593 | −0.0223 | −0.0753 |
| 海南 | 1.4284 | 1.0298** | 2.9195*** | 0.0361 | −0.0189 | −0.1228 |
| 重庆 | 1.3020*** | 1.2144*** | 2.0247*** | 0.1086 | −0.0866 | 0.1244** |
| 四川 | 1.1740*** | 1.2257*** | 2.9058*** | 0.2106 | −0.1082* | 0.2169** |
| 贵州 | 1.3325* | 1.2486*** | 2.3308*** | 0.0632 | −0.0467 | −0.0004 |
| 云南 | 1.0381* | 1.2638*** | 2.8193** | 0.1331 | −0.0447 | −0.0366 |
| 西藏 | 0.9378** | 3.3969*** | −1.1876 | 0.3239** | 0.2454*** | 0.1908 |
| 陕西 | 1.6197*** | 1.5380*** | 2.0379*** | 0.2236** | −0.0662 | −0.0856 |
| 甘肃 | 1.4891*** | 1.6881*** | 3.3567*** | 0.4539** | −0.3088*** | −0.0736 |
| 青海 | 1.4578*** | 1.5863*** | 3.3317*** | 0.4451** | −0.3228*** | 0.0128 |
| 宁夏 | 1.7371*** | 2.2564*** | 2.5730*** | 0.3683** | −0.1583*** | −0.3884*** |
| 新疆 | 1.3127*** | 4.2041*** | −0.0122 | 0.1794 | 0.2627*** | 0.4012*** |

表 5-4(2) 2005 年、2010 年和 2015 年 GWR 模型的估计结果

| 年份 | FLX | | | THI | | |
|---|---|---|---|---|---|---|
| | 2005 | 2010 | 2015 | 2005 | 2010 | 2015 |
| 北京 | 0.4688 | 0.2501 | 0.4203 | 0.1140 | 0.4509*** | 0.0050 |
| 天津 | 0.4786 | 0.2678** | 0.4045* | 0.1482 | 0.3843 | 0.2143 |
| 河北 | 0.4520 | 0.2173 | 0.4583* | -0.0630 | 0.2291 | 0.1070 |
| 山西 | 0.4819** | 0.1413 | 0.5412*** | -0.1797 | 0.1093 | 0.1481 |
| 内蒙古 | 0.5168** | -0.0413 | 0.8028*** | 0.0044 | 0.2937 | 0.0854 |
| 辽宁 | 0.2838 | 0.1302 | 1.8150*** | 0.2518 | 0.5787* | 2.3993*** |
| 吉林 | 0.3269 | 0.1094 | 2.2261*** | 0.2739 | 0.6126** | 3.3789*** |
| 黑龙江 | 0.3867 | 0.0961 | 2.1835*** | 0.3062 | 0.7140** | 4.3313*** |
| 上海 | -0.0831 | -0.1498 | 0.3124 | -0.9180 | -0.2363 | 1.9716*** |
| 江苏 | -0.0110 | -0.1015 | 0.3989** | -0.9012* | 0.3541 | 1.2516*** |
| 浙江 | -0.1342 | -0.2006* | 0.3445 | -0.9316 | 0.0854 | 1.9770*** |
| 安徽 | -0.0386 | -0.1336 | 0.3545* | -0.9151* | 0.6316** | 1.1879*** |
| 福建 | -0.3911 | -0.2128* | -0.0152 | -0.6150 | 1.1813*** | 1.4200*** |
| 江西 | -0.4310 | -0.2507* | 0.0638 | -0.6133 | 1.5136*** | 1.2500*** |
| 山东 | 0.3573 | 0.2855** | 0.5515** | -0.1394 | 0.0612 | 0.5463** |
| 河南 | 0.3226 | 0.2438** | 0.1504 | -0.7269** | -0.0319 | 0.2793 |

续　表

| 年份 | FLX | | | THI | | |
|---|---|---|---|---|---|---|
| | 2005 | 2010 | 2015 | 2005 | 2010 | 2015 |
| 湖北 | -0.2194 | -0.1246 | 0.1877 | -0.7769 | 1.2075*** | 1.1161** |
| 湖南 | -0.3202 | -0.1859** | 0.0768 | -0.3307 | 1.5113*** | 1.3509*** |
| 广东 | -0.2943 | -0.1555 | 0.5711** | 0.2739 | 1.5593*** | 0.9791** |
| 广西 | 0.2111 | -0.0835 | 0.5781 | 0.1872 | 1.1448*** | 0.1013 |
| 海南 | 0.2116 | -0.0158 | 1.1882*** | 0.5634 | 1.1764*** | -0.0765 |
| 重庆 | 0.2359 | -0.0256 | -0.0166 | -0.5692 | 1.0160*** | 0.7416** |
| 四川 | 0.2336 | -0.0237 | 0.1977 | -0.8184 | 1.0421*** | 0.8233* |
| 贵州 | 0.2133 | -0.0345 | -0.1068 | -0.2173 | 1.1228*** | 0.6649 |
| 云南 | 0.0884 | 0.0035 | -0.1533 | 0.8717 | 1.0677*** | 0.5450 |
| 西藏 | -0.2723 | -0.3458 | -0.6554 | 1.2808** | 3.6214*** | -0.8388 |
| 陕西 | 0.3135 | 0.0971 | 0.3068*** | -0.8713* | 0.6972*** | 0.2449 |
| 甘肃 | 0.3012 | -0.3936* | 0.4806*** | -0.7952 | 1.7011*** | 1.0278*** |
| 青海 | 0.2766 | -0.3554 | 0.4107 | -0.4300 | 2.1301*** | 1.0667** |
| 宁夏 | 0.3244 | -0.2548* | 0.8041*** | -0.5254 | 1.1722*** | 0.3782 |
| 新疆 | 0.1972 | -0.4303* | 0.1335 | 1.9207** | 4.8096*** | -1.1392 |

表 5-4(3)　2005 年、2010 年和 2015 年 GWR 模型的估计结果

| 年份 | GOV | | | DES | | |
|---|---|---|---|---|---|---|
| | 2005 | 2010 | 2015 | 2005 | 2010 | 2015 |
| 北京 | -0.6989** | -1.2020*** | -1.0311*** | 0.0720 | 0.0303 | -0.0339 |
| 天津 | -0.7308** | -1.1614*** | -1.1692*** | 0.0597 | 0.0232 | -0.1062 |
| 河北 | -0.5243** | -0.9873*** | -1.1959*** | 0.0704 | 0.0286 | -0.0646 |
| 山西 | -0.4456* | -0.7639*** | -1.2574*** | 0.0563 | 0.0158 | -0.1076 |
| 内蒙古 | -0.4881* | -0.7536*** | -1.0591*** | 0.0551 | 0.0470 | -0.0612 |
| 辽宁 | -0.2460 | -1.0511*** | -2.3866*** | -0.1491 | -0.1262 | -0.8955*** |
| 吉林 | -0.2493 | -1.0525*** | -3.1749*** | -0.1458 | -0.1316 | -1.1799*** |
| 黑龙江 | -0.2768 | -1.1201*** | -3.8405*** | -0.1377 | -0.1142 | -1.3701*** |
| 上海 | -0.0415 | -0.5915*** | -1.2464*** | -0.0653 | -0.0555 | -0.2255*** |
| 江苏 | -0.1627 | -0.9586*** | -1.3806*** | -0.1147 | -0.1711** | -0.2999*** |
| 浙江 | -0.0594 | -0.6819*** | -1.0097*** | -0.0746 | -0.0838 | -0.1218 |
| 安徽 | -0.2027 | -1.0454*** | -1.2628*** | -0.1373 | -0.2036*** | -0.2559*** |
| 福建 | -0.2465 | -0.7667*** | -0.8918*** | -0.1398 | -0.1823*** | -0.1586*** |
| 江西 | -0.2453 | -0.9650*** | -0.8323*** | -0.1540 | -0.2318*** | -0.1331 |
| 山东 | -0.5265* | -0.9388*** | -1.4518*** | 0.0203 | -0.0244 | -0.2331*** |
| 河南 | -0.2738 | -0.8077*** | -1.4546*** | -0.0697 | -0.0890* | -0.2582*** |

续 表

| 年份 | GOV | | | DES | | |
| --- | --- | --- | --- | --- | --- | --- |
| | 2005 | 2010 | 2015 | 2005 | 2010 | 2015 |
| 湖北 | −0.2404 | −1.0374*** | −0.9379*** | −0.1602 | −0.2518 | −0.1241*** |
| 湖南 | −0.2724 | −0.7302*** | −0.5790*** | −0.0758 | −0.1832*** | −0.0515 |
| 广东 | −0.3799 | −0.7306*** | −0.4665** | −0.0732 | −0.1274*** | −0.1298** |
| 广西 | −0.3530 | −0.3290** | 0.1291 | 0.0225 | −0.0268 | 0.0398 |
| 海南 | −0.3260 | −0.4079** | −0.1478 | 0.0345 | −0.0329 | −0.0068 |
| 重庆 | −0.3806* | −0.3930*** | 0.0310 | −0.0207 | −0.0462 | 0.1121** |
| 四川 | −0.4046 | −0.4040*** | 0.1356 | −0.0652 | −0.0270 | 0.2596*** |
| 贵州 | −0.3825 | −0.3249** | 0.2692 | 0.0176 | −0.0402 | 0.0624 |
| 云南 | −0.3233 | −0.2780* | 0.3463 | 0.0353 | −0.0554 | 0.1072 |
| 西藏 | 0.2578 | 0.9923 | −0.2138 | 0.0008 | 0.5565 | −0.3491** |
| 陕西 | −0.1195 | −0.4786*** | −0.5762** | 0.0859 | 0.0146 | 0.0264 |
| 甘肃 | −0.0660 | −0.2781** | −0.1999 | 0.1326 | 0.2231*** | 0.1796 |
| 青海 | −0.0166 | −0.2329 | −0.0822 | 0.1505* | 0.2444*** | 0.2059 |
| 宁夏 | −0.1110 | −0.2974*** | −0.8082** | 0.1794 | 0.2326*** | −0.0336 |
| 新疆 | −0.1289 | 1.0906*** | 0.1057 | 0.1339 | 0.6572*** | −0.0755 |

对其他地区商贸流通产业的影响并不显著；2010 年，政府干预对除西藏、青海以外地区的商贸流通产业均有显著的影响，但地区之间存在明显差异。 2005 年，除青海以外的其他地区的交通基础设施对商贸流通产业发展的影响不显著；2010 年后，西部地区逐步产生显著的正向影响，说明交通基础设施条件的改善对西部地区的商贸流通产业发展起促进作用。

## 二、GWR 模型估计结果的显著性检验

由表 5-3 和表 5-4 可以看出，我国各个地区的参数估计值具有明显的地区差异性，接下来对解释变量系数差异的显著性进行检验。本部分用 DIFF of Criterion 指标来检验解释变量系数的差异性，具体检验结果见表 5-5。

表 5-5　空间局部变量系数的检验结果

| | 2005 年 | 2010 年 | 2015 年 |
| --- | --- | --- | --- |
| | DIFF of Criterion | DIFF of Criterion | DIFF of Criterion |
| Intercept | −1.805 916 | −56.088 837 | −6.598 116 |
| URB | −0.772 305 | −14.500 519 | −21.521 351 |
| OPE | −2.293 650 | −11.006 021 | −12.818 456 |
| FLX | −9.842 094 | −0.451 571 | −5.617 831 |
| THI | −13.467 537 | −3.727 941 | −22.239 964 |
| GOV | −1.301 787 | −9.811 986 | −45.943 846 |
| DES | −5.667 864 | −3.798 643 | −17.860 180 |

注:若 DIFF of Criterion 一栏所对应的变量值为正,则意味着变量系数在空间上不存在明显变异。

从表 5-5 可知，城市化水平、对外开放程度、商贸流通产业固定资产投资、产业结构、政策支持和交通基础设施在 2005 年、2010 年、2015 年的变异标准差值均为负数，说明这些变量对商贸流通产业发展的影响效应在不同地区存在较明显的异质性。 故选择 GWR

模型分析较为合适。

## 三、GWR 模型与 OLS 模型的比较

本部分用 OLS 方法分别对 2005 年、2010 年和 2015 年的面板计量模型进行估计，估计结果见表 5-6。

表 5-6　2005 年、2010 年和 2015 年 OLS 模型的估计结果

| 变量 | 2005 年 | 2010 年 | 2015 年 |
|---|---|---|---|
| Intercept | 2.3523 | 1.4160 | 0.9539 |
| URB | 1.1461 | 1.1147 | 1.3158 |
| OPE | 0.1848 | −0.0037 | −0.0241 |
| FLX | 0.3775 | 0.1600 | 0.5596 |
| THI | 0.2985 | 0.9594 | 0.7469 |
| GOV | −0.2420 | −0.4250 | −0.5130 |
| DES | −0.0398 | −0.0665 | −0.0919 |

为了检验 GWR 模型在分析商贸流通产业空间异质性方面的优势，本部分进一步开展对两个模型估计结果的方差分析，分析结果见表 5-7。

表 5-7　OLS 模型和 GWR 模型估计结果的方差分析

| | | OLS Residual | GWR Imoment | GWR Residual |
|---|---|---|---|---|
| SS | 2005 年 | 0.941 | 0.911 | 0.030 |
| | 2010 年 | 1.178 | 1.139 | 0.040 |
| | 2015 年 | 1.487 | 1.478 | 0.010 |
| DF | 2005 年 | 7.000 | 21.942 | 2.058 |
| | 2010 年 | 7.000 | 14.938 | 9.062 |
| | 2015 年 | 7.000 | 21.794 | 2.206 |

| | | OLS Residual | GWR Imoment | GWR Residual |
|---|---|---|---|---|
| MS | 2005 年 | — | 0.042 | 0.015 |
| | 2010 年 | — | 0.076 | 0.004 |
| | 2015 年 | — | 0.068 | 0.004 |
| F | 2005 年 | — | — | 2.8265 |
| | 2010 年 | — | — | 17.4920 |
| | 2015 年 | — | — | 15.4281 |

　　由表 5-7 可以看出，2005 年、2010 年和 2015 年 GWR 模型估计结果的残差分别为 0.030、0.040、0.010，相比于 OLS 模型的残差分别下降 0.911、1.139、1.478，说明 GWR 模型比 OLS 模型更稳健。接下来，从 $R^2$ 和 AIC 两个方面进行两个模型估计效果的对比分析，结果见表 5-8。

**表 5-8　GWR 模型与 OLS 模型的结果对比**

| | GWR | | | OLS | | |
|---|---|---|---|---|---|---|
| | 2005 年 | 2010 年 | 2015 年 | 2005 年 | 2010 年 | 2015 年 |
| $R^2$ | 0.997 083 | 0.996 210 | 0.997 083 | 0.941 183 | 0.886 937 | 0.909 199 |
| AIC | −70.802 447 | −72.777 881 | −70.802 447 | −4.358 548 | 2.611 582 | −4.358 548 |

　　根据表 5-8，从 $R^2$ 来看，可以发现，GWR 模型 2005 年、2010 年和 2015 年的拟合优度值分别为 0.997 083、0.996 210、0.997 083，均高于 OLS 模型的拟合优度值，说明 GWR 模型中解释变量对被解释变量的解释程度更好。从 AIC 来看，GWR 模型 2005 年、2010 年和 2015 年的 AIC 值分别为 −70.802 447、−72.777 881、−70.802 447，而 OLS 模型的 AIC 值为 −4.358 548、2.611 582、−4.358 548，明显高于 GWR 模型，也说明 GWR 模型的估计效果优于 OLS 模型的估计效果。

　　将 GWR 模型和 OLS 模型的结果进行对比，可以看出，各地区商贸流通产业发展存在着空间依赖性和空间异质性。而区域之间的空间异质性常常被传统线性模型所忽略，造成估计结果不符合实际情况；而 GWR 模型将空间异质性纳入其中，这样对商贸流通产业发展空间效应的分析更为科学。

# 第六章 长三角城市商贸流通产业的空间集聚测度

## 第一节 长三角城市商贸流通产业发展现状

长三角地区是我国城市化程度最高、城镇分布最密集、经济发展水平最高的地区之一，是具有较强国际竞争力的世界级城市群，在全国经济社会发展中占有重要地位。本章以长三角地区 26 个地级以上城市作为研究对象，测度区域商贸流通产业的集聚度，其中商贸流通产业同样是批发零售业，住宿和餐饮业，交通运输、仓储和邮政业 3 个行业的总和。本章数据来源于《中国城市统计年鉴》《安徽统计年鉴》《江苏统计年鉴》《上海统计年鉴》《浙江统计年鉴》及其他各城市的统计年鉴。

### 一、长三角地区商贸流通产业发展总体分析

长三角地区商贸流通产业发展水平用商贸流通产业增加值来表示，从产出角度反映商贸流通产业发展所带来的商品与劳务价值。商贸流通产业增加值越大，表明该地区商贸流通产业总量规模越大，对经济发展的贡献能力越强。

表 6-1 给出 2005—2015 年长三角地区商贸流通产业增加值及分行业的增加值，其中增加值为剔除了价格因素的影响，以 2005 年为基期的实际增加值。从表 6-1 中可以看出，无论是长三角地区商贸

表 6-1　　2005—2015 年长三角地区商贸流通产业增加值及分行业增加值情况

（单位：亿元）

| 年份 | 商贸流通产业增加值 | 分行业增加值 | | |
|---|---|---|---|---|
| | | 交通运输、仓储和邮政 | 批发零售 | 住宿和餐饮 |
| 2005 | 6093.0 | 1746.7 | 3689.8 | 656.5 |
| 2006 | 6995.0 | 2037.7 | 4191.0 | 766.3 |
| 2007 | 7877.0 | 2249.1 | 4751.0 | 876.9 |
| 2008 | 8789.0 | 2373.4 | 5411.8 | 1003.8 |
| 2009 | 10 571.4 | 2444.2 | 6935.3 | 1191.9 |
| 2010 | 12 071.3 | 2769.4 | 7960.9 | 1341.0 |
| 2011 | 13 671.5 | 3014.1 | 9140.0 | 1517.4 |
| 2012 | 15 327.5 | 3335.3 | 10 252.5 | 1739.7 |
| 2013 | 16 787.2 | 3536.4 | 11 205.7 | 2045.1 |
| 2014 | 18 182.4 | 3819.1 | 12 376.1 | 1987.2 |
| 2015 | 19 705.3 | 4054.2 | 13 433.0 | 2218.1 |

流通产业增加值还是分行业的增加值，都表现出快速增长趋势。 长三角地区商贸流通产业增加值由 2005 年的 6093.0 亿元增加至 2015 年的 19 705.3 亿元，年均增长率达 12.81％。 其中，交通运输、仓储和邮政业增加值由 2005 年的 1746.7 亿元增加至 2015 年的 4054.2 亿元，年增长率为 8.9％；批发零售、住宿和餐饮业的增加值分别由 2005 年的 3689.8 亿元、656.5 亿元增加至 2015 年的 13 433.0 亿元和 2218.1 亿元，年均增长速度分别为 13.1％和 12.81％。

从商贸流通业各个行业发展水平和增长速度来看（见图 6-1），批发零售业是商贸流通产业中占比最大的行业，且该行业的规模还在快速扩大，年均增长速度超过 13％，其占商贸流通业增加值的比重由 2005 年的 60.56％扩大到 2015 年的 68.17％。 几个行业中发展速度最慢的为交通运输、仓储和邮政业，市场份额由 2005 年的 28.67％下降为 2015 年的 20.57％；住宿和餐饮业与商贸流通产业整

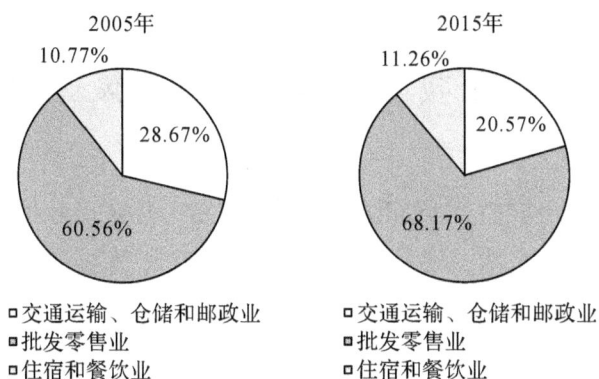

2005年

10.77%

28.67%

60.56%

□ 交通运输、仓储和邮政业
□ 批发零售业
□ 住宿和餐饮业

2015年

11.26%

20.57%

68.17%

□ 交通运输、仓储和邮政业
□ 批发零售业
□ 住宿和餐饮业

图 6-1　2005 年与 2015 年各行业增加值占商贸流通产业的比重情况

体发展基本同步，所占比重略有上升。

## 二、长三角地区商贸流通产业的空间分布

本部分利用 OpenGeoDa 绘制 2005 年和 2015 年长三角城市商贸流通产业增加值的空间分位图，进一步分析各个城市商贸流通产业增加值的空间分布状况。 得到的结论如下：江苏省和浙江省的商贸流通产业规模远大于安徽省的商贸流通产业规模，长三角中部城市的商贸流通产业发展水平相对较高，整体呈现出从中部向南北方向逐步减弱的分布状态。

从时间维度来看，2015 年长三角城市商贸流通产业的规模分布与 2005 年相比，整体上没有发生明显变化。 对各个细分行业空间分布格局的进一步描述分析后可知，长三角城市商贸流通产业中的交通运输、仓储和邮政业，批发零售业及住宿和餐饮业等几个行业的空间分布状况基本一致。 其中，江苏省的交通运输、仓储和邮政业更为发达，长三角南部城市的批发零售业及住宿和餐饮业的规模相对较大，即行业规模在空间分布上呈现出一定的差异性。

# 第二节 长三角城市商贸流通产业集聚测度

在对长三角城市商贸流通产业发展概况和空间分布情况有了一定了解的基础上，本书进一步对长三角城市商贸流通产业的集聚特征进行测度。

## 一、CR 指标测算分析

CR 指标，又称行业集中率或市场集中度，用规模最大的几个地区某一行业有关指标（销售额、从业人数、增加值等）占整个市场的份额来度量。它能够比较形象地反映某个产业在市场中的集中度，具体计算公式为

$$CR_n = \frac{\sum_{i=1}^{n} X_i}{\sum_{i=1}^{N} X_i} \qquad (6\text{-}1)$$

式中，$X_i$ 代表长三角地区第 $i$ 个城市的商贸流通产业增加值，$n$ 表示商贸流通产业增加值规模较大的城市数量，$N$ 表示长三角地区所有地级以上城市的数量，$CR_n$ 为长三角城市商贸流通产业的集聚度。

根据 2005—2015 年长三角地区各个地级以上城市的商贸流通产业增加值计算得到 $CR_1$、$CR_4$ 和 $CR_8$，见表 6-2，其中 $CR_1$ 是指商贸流通产业增加值最高的城市与长三角地区商贸流通产业增加值总和的比例，$CR_4$ 是指增加值最高的 4 个城市与长三角地区商贸流通产业增加值总和的比例，$CR_8$ 则是指商贸流通产业增加值最高的 8 个城市与长三角地区商贸流通产业增加值总和的比例。

表 6-2　2005—2015 年商贸流通产业集聚度与集聚城市分布情况

| 年份 | $CR_1$ | $CR_4$ | $CR_8$ | 集中城市 |
|------|--------|--------|--------|----------|
| 2005 | 0.2613 | 0.4986 | 0.6984 | 上海、无锡、苏州、杭州、南京、宁波、常州、绍兴 |
| 2006 | 0.2526 | 0.4961 | 0.6959 | 上海、无锡、苏州、杭州、南京、宁波、常州、南通 |
| 2007 | 0.2465 | 0.5009 | 0.6953 | 上海、无锡、苏州、南京、杭州、宁波、常州、南通 |
| 2008 | 0.2431 | 0.4991 | 0.6918 | 上海、无锡、苏州、杭州、南京、宁波、常州、南通 |
| 2009 | 0.2739 | 0.5305 | 0.7132 | 上海、苏州、无锡、杭州、南京、宁波、南通、常州 |
| 2010 | 0.2803 | 0.5394 | 0.7204 | 上海、苏州、无锡、宁波、南京、杭州、南通、常州 |
| 2011 | 0.2715 | 0.5343 | 0.7214 | 上海、苏州、无锡、南京、宁波、杭州、南通、常州 |
| 2012 | 0.2651 | 0.5315 | 0.7189 | 上海、苏州、无锡、南京、宁波、杭州、南通、常州 |
| 2013 | 0.2571 | 0.5197 | 0.7061 | 上海、苏州、无锡、南京、宁波、杭州、常州、南通 |
| 2014 | 0.2484 | 0.5058 | 0.7020 | 上海、苏州、无锡、南京、宁波、杭州、常州、南通 |
| 2015 | 0.2580 | 0.5036 | 0.6963 | 上海、苏州、无锡、南京、宁波、杭州、常州、南通 |

从 $CR_1$ 来看，上海市的商贸流通产业增加值一直居于长三角地区首位。作为长三角地区的首位城市，上海市的商贸流通产业增加值占到长三角城市商贸流通产业增加值总和的 25% 以上。上海市的商贸流通产业增加值占长三角地区增加值总和的比重在 2010 年达到最高，随后有所回落。长三角地区商贸流通产业 $CR_4$ 与 $CR_1$ 的变化趋势大致类似，同样是在 2010 年左右达到最高，后续有回落趋势，总体来看，排名前 4 的城市在 11 年间商贸流通产业的集聚程度有所提升。2015 年排名前 4 的城市的商贸流通产业增加值总额为 8541 亿元，占比达到 50.4%，说明长三角地区 26 个城市的商贸流通产业增加值有一半以上集中于排名前 4 的城市。同样，$CR_8$ 和 $CR_4$、

CR₁ 有着大致相似的变化趋势，集中度也表现出先升后降的趋势，总体上集中度略有上升。

利用 CR 指标来测算长三角城市商贸流通产业的集聚度，方法较为简便，且能够直观反映长三角城市商贸流通产业的集聚水平，但集聚度会随着所选城市数量的变化而变动；另外，集中度只衡量产业发展规模较大城市所占的比重，不能全面衡量长三角城市商贸流通产业的分布特征，也无法描述城市内部商贸流通产业的结构及其分布特点。

## 二、区位熵

区位熵（Location quotient），也称地区集中度或专门化率，用以衡量某一区域某个指标的空间分布情况，反映某一产业部门在区域的专业化水平，以及某一区域在更高层次区域的地位和作用等。在产业结构研究中，其通常用于分析区域产业专业化的状况。

基于商贸流通产业增加值指标，得出区位熵计算公式为

$$LQ_{ij} = \frac{q_{ij}/q_j}{q_i/q} \qquad (6\text{-}2)$$

式中，$LQ_{ij}$ 表示 $j$ 城市的 $i$ 产业在长三角地区的区位熵，$q_{ij}$ 为 $j$ 城市的 $i$ 产业增加值，$q_j$ 为 $j$ 城市所有产业的增加值，$q_i$ 为长三角地区 $i$ 产业的增加值，$q$ 为长三角地区所有产业的增加值。

区位熵值的大小可以反映长三角地区各个城市商贸流通产业的专业化水平，一般来说：$LQ_{ij} > 1$，表明 $j$ 城市的商贸流通产业专业化程度和竞争力水平高于 $j$ 城市同类产业的平均发展水平；$LQ_{ij} = 1$，表明 $j$ 城市商贸流通产业专业化程度及竞争力水平与该城市平均水平持平；$LQ_{ij} < 1$，则表明 $j$ 城市商贸流通产业专业化水平较低。表 6-3 为 2005—2015 年长三角城市商贸流通产业区位熵值。

表 6-3 2005—2015 年长三角城市商贸流通产业区位熵

| 年份 城市 | 2005 | 2006 | 2007 | 2008 | 2009 | 2010 | 2011 | 2012 | 2013 | 2014 | 2015 |
|---|---|---|---|---|---|---|---|---|---|---|---|
| 上海 | 1.17 | 1.17 | 1.14 | 1.15 | 1.27 | 1.31 | 1.30 | 1.32 | 1.30 | 1.26 | 1.31 |
| 南京 | 1.11 | 1.12 | 1.19 | 1.10 | 1.01 | 0.97 | 1.02 | 1.05 | 1.04 | 1.04 | 1.02 |
| 无锡 | 1.17 | 1.17 | 1.20 | 1.24 | 1.09 | 1.11 | 1.11 | 1.08 | 1.08 | 1.10 | 1.04 |
| 常州 | 1.00 | 0.99 | 1.00 | 1.05 | 0.92 | 0.90 | 0.92 | 0.96 | 1.01 | 1.03 | 1.03 |
| 苏州 | 0.78 | 0.82 | 0.87 | 0.89 | 1.01 | 1.04 | 1.08 | 1.06 | 1.06 | 1.06 | 1.00 |
| 南通 | 0.83 | 0.85 | 0.86 | 0.84 | 0.84 | 0.84 | 0.88 | 0.87 | 0.84 | 0.86 | 0.85 |
| 盐城 | 0.93 | 0.92 | 0.93 | 0.93 | 0.87 | 0.89 | 0.84 | 0.77 | 0.79 | 0.80 | 0.78 |
| 扬州 | 0.79 | 0.78 | 0.78 | 0.78 | 0.76 | 0.71 | 0.72 | 0.72 | 0.70 | 0.70 | 0.68 |
| 镇江 | 0.95 | 0.95 | 0.96 | 1.00 | 0.96 | 0.93 | 0.91 | 0.89 | 0.86 | 0.85 | 0.84 |
| 泰州 | 0.76 | 0.77 | 0.80 | 0.81 | 0.80 | 0.80 | 0.81 | 0.80 | 0.79 | 0.79 | 0.77 |
| 杭州 | 0.96 | 0.96 | 0.97 | 0.99 | 0.93 | 0.90 | 0.94 | 0.95 | 0.97 | 1.12 | 1.18 |
| 宁波 | 0.93 | 0.93 | 0.78 | 0.79 | 0.84 | 0.90 | 0.90 | 0.91 | 0.89 | 0.91 | 0.87 |
| 绍兴 | 0.87 | 0.87 | 0.86 | 0.90 | 0.93 | 0.88 | 0.81 | 0.80 | 0.79 | 0.79 | 0.79 |
| 湖州 | 0.87 | 0.85 | 0.84 | 0.81 | 0.77 | 0.77 | 0.79 | 0.82 | 0.83 | 0.94 | 0.96 |
| 嘉兴 | 0.92 | 0.90 | 0.89 | 0.90 | 0.85 | 0.86 | 0.92 | 0.94 | 0.94 | 0.95 | 0.96 |
| 金华 | 0.98 | 0.98 | 0.97 | 0.98 | 0.95 | 0.94 | 0.95 | 0.98 | 0.98 | 1.04 | 1.08 |
| 舟山 | 1.19 | 1.25 | 1.23 | 1.22 | 1.11 | 1.11 | 1.08 | 1.08 | 1.05 | 1.04 | 1.03 |
| 台州 | 1.04 | 1.06 | 1.07 | 1.09 | 1.09 | 1.10 | 1.13 | 1.12 | 1.12 | 1.13 | 1.13 |
| 合肥 | 1.16 | 1.09 | 1.07 | 1.03 | 0.90 | 0.83 | 0.77 | 0.74 | 0.89 | 0.70 | 0.69 |
| 滁州 | 0.80 | 0.86 | 0.85 | 0.82 | 0.69 | 0.65 | 0.60 | 0.57 | 0.59 | 0.54 | 0.55 |
| 马鞍山 | 0.68 | 0.72 | 0.70 | 0.68 | 0.72 | 0.64 | 0.58 | 0.60 | 0.65 | 0.62 | 0.65 |
| 芜湖 | 1.06 | 1.00 | 0.99 | 0.91 | 0.69 | 0.62 | 0.56 | 0.55 | 0.57 | 0.55 | 0.59 |
| 宣城 | 1.00 | 1.00 | 1.04 | 0.97 | 0.83 | 0.77 | 0.67 | 0.65 | 0.67 | 0.64 | 0.62 |
| 铜陵 | 0.91 | 0.81 | 0.81 | 0.81 | 0.67 | 0.57 | 0.52 | 0.53 | 0.62 | 0.56 | 0.56 |
| 池州 | 1.00 | 1.01 | 1.00 | 0.99 | 0.83 | 0.75 | 0.68 | 0.67 | 0.70 | 0.72 | 0.69 |
| 安庆 | 0.90 | 1.00 | 1.02 | 0.96 | 0.75 | 0.67 | 0.61 | 0.60 | 0.60 | 0.60 | 0.67 |

从表 6-3 可以看出,上海、南京、无锡、舟山等城市的区位熵都超过 1,说明这些城市的商贸流通产业专业化程度较高,竞争力较强,其中上海市商贸流通产业发展规模及专业化程度都为长三角地区最高。 另外,杭州、苏州等城市的区位熵值在不断增大,说明其商贸流通产业的专业化程度在不断提高。

区位熵反映了城市商贸流通产业的专业化水平,一定程度上体现了城市商贸流通产业的集聚水平,但区位熵剔除了产业规模的影响,不能衡量地区商贸流通产业发展水平的差异,即区位熵值高的城市不一定是商贸流通产业发展水平高的城市。

### 三、HHI 指数

HHI 指数,即赫芬达尔-赫希曼指数,是指在市场中某行业每个企业所占市场份额的平方和,在此用各地市商贸流通产业增加值占长三角地区商贸流通产业增加值份额的平方和来反映。 相比于 CR 指标,HHI 指数不仅考虑了集中度,还兼顾了城市商贸流通产业规模分布的信息。 因此,HHI 指数是对 CR 指标的一种改进,能够对产业集聚度测度提供更多的信息。 N 指数是 HHI 指数的倒数。

HHI 指数的计算公式为

$$\text{HHI} = \sum_{j=1}^{N} z_j^2 = \sum_{j=1}^{N} (X_j / X)^2 \tag{6-3}$$

式中,$X$ 代表长三角城市商贸流通产业的增加值,$X_j$ 代表第 $j$ 个城市商贸流通产业增加值,$N$ 代表长三角地级以上城市的数量。

长三角城市商贸流通产业的 HHI 指数和 N 指数的结果见表 6-4。 从表 6-4 可以看出,2005—2015 年间,HHI 指数均在 11% 左右,N 指数的平均值接近 9,这代表长三角地区商贸流通产业相当于平均分布在 9 个城市中。 同样,HHI 指数也表现出先升后降的趋势,但 2015 年又呈现回升状态,其中 HHI 指数在 2010 年达到最大值,表明 2010 年长三角地区商贸流通产业的集聚度达到最高。

表 6-4  2005—2015 年商贸流通产业 HHI 指数与 N 指数结果

| 年份 | HHI 指数 | N 指数 |
|------|---------|--------|
| 2005 | 0.105 | 9.527 |
| 2006 | 0.101 | 9.855 |
| 2007 | 0.100 | 10.044 |
| 2008 | 0.098 | 10.191 |
| 2009 | 0.114 | 8.807 |
| 2010 | 0.117 | 8.524 |
| 2011 | 0.114 | 8.786 |
| 2012 | 0.111 | 9.021 |
| 2013 | 0.106 | 9.397 |
| 2014 | 0.102 | 9.786 |
| 2015 | 0.105 | 9.566 |

HHI 指数能够较好地反映长三角城市商贸流通产业的集聚情况，因其既考虑了各城市商贸流通产业规模，又考虑到城市数量的影响，同时 N 指数还能反映商贸流通产业的市场竞争与垄断情况。HHI 指数对商贸流通产业增加值最大的前几个城市的份额变化较为敏感，能够比较客观地反映各城市间产业规模的差异。

## 第三节  长三角城市商贸流通产业空间集聚及格局

在当今交通便利和信息发达的时代，商贸流通产业的跨地域性也越来越明显。因此需重视空间地域性对一个城市商贸产业的影响，如邻近城市的经济发展水平、交通便利性、信息化水平、客户需求及政府政策一定程度上影响到本城市的商贸流通产业发展。接下来，本节将利用空间集聚测度方法进一步探析长三角城市商贸流通产业的空间集聚特征。

## 一、空间自相关分析

空间自相关可理解为位置相近的城市具有相似的商贸流通产业发展水平。商贸流通产业规模较大的城市呈现出一定程度的集聚度，规模较小的城市也呈现出一定程度的集聚度，此为正的空间自相关；反之，如果产业规模较大的城市与规模较小的城市呈现一定程度的集聚，则为负的空间自相关。

### (一)全局空间自相关

Moran's I 系数可以测度长三角地区商贸流通产业的全局空间集聚性。为了衡量长三角地区商贸流通产业的全局空间自相关，本节构建 0—1 空间权重矩阵，计算 2005—2015 年长三角城市的 Moran's I 值，具体见表 6-5。

表 6-5　2005—2015 年长三角城市的商贸流通产业 Moran's I 值

| 年份 | Moran's I | t-value | P-value |
|------|-----------|---------|---------|
| 2005 | 0.2871 | 2.04 | 0.0524 |
| 2006 | 0.2876 | 2.05 | 0.0518 |
| 2007 | 0.2891 | 2.07 | 0.0491 |
| 2008 | 0.2992 | 2.14 | 0.0424 |
| 2009 | 0.3375 | 2.42 | 0.0235 |
| 2010 | 0.3467 | 2.48 | 0.0205 |
| 2011 | 0.3372 | 2.38 | 0.0257 |
| 2012 | 0.3364 | 2.37 | 0.0264 |
| 2013 | 0.3157 | 2.21 | 0.0368 |
| 2014 | 0.3314 | 2.31 | 0.0298 |
| 2015 | 0.3178 | 2.23 | 0.0357 |

表 6-5 显示，Moran's I 值都大于 0，基本都通过 5% 的显著性水平检验，说明长三角城市商贸流通产业呈现出明显的空间正相关，

即商贸流通产业存在一定的空间集聚特征。

### (二)局部空间自相关

全局空间自相关分析能够对长三角地区商贸流通产业的整体集聚程度进行测度,而局部空间自相关则是针对长三角局部地区聚集特征进行分析,可以反映长三角每个城市与周边城市的相关程度。全局空间自相关分析往往忽略局部地区的空间集聚特征。所以,在全局空间自相关分析的基础上,有必要利用局部空间自相关分析进一步考察长三角城市商贸流通业的局部空间聚集特征。

经过全局自相关分析后,我们发现,长三角城市商贸流通产业增加值呈现出较显著的正向空间自相关。为考察每个城市商贸流通产业在空间上是否与周边城市具有显著的正相关性,则需进行局部空间自相关分析。绘制 Moran's I 散点图是常用的局部空间自相关分析方法,其横轴表示城市商贸流通产业增加值,纵轴表示城市商贸流通产业增加值的空间滞后项,2005 年和 2015 年长三角城市商贸流通产业增加值的 Moran's I 散点情况见图 6-2 和图 6-3。

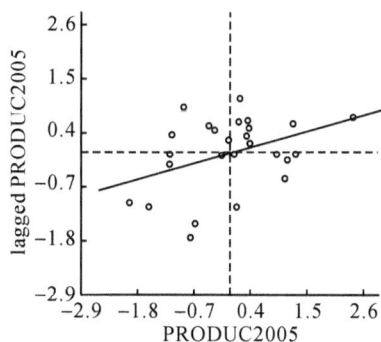

图 6-2　2005 年长三角城市商贸流通产业增加值 Moran's I 散点情况

从图 6-2 可以看出,2005 年第一象限的城市有 8 个,即常州、苏州、嘉兴、绍兴、台州、金华、南通、上海等,数量占长三角所有城市的 30.8%,表明这些城市自身的商贸流通产业发展水平较高,其周边城市商贸流通产业发展水平也相对较高,呈现出高高集聚特

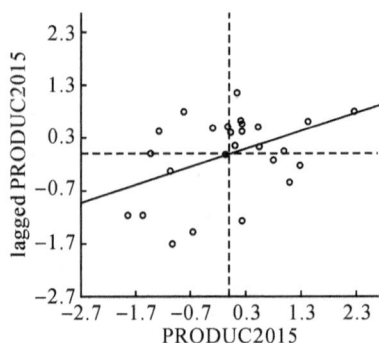

**图 6-3 2015 年长三角城市商贸流通产业增加值 Moran's Ⅰ 散点情况**

征，这些城市构成了长三角商贸流通产业的集聚中心，影响并带动着整个长三角地区的商贸流通产业发展。 第三象限的城市有 6 个，占比约为 23.1%，为低低聚集区域，主要集中于安徽省，代表商贸流通产业的低集聚地域。

与 2005 年相比，2015 年长三角城市商贸流通产业的分布特征存在一定差异，第一象限的城市达到 11 个，占比提升为 42.3%，增加了盐城、无锡和镇江，这些城市由高低、低高步入了高高象限，表明江苏省商贸流通产业发展较快。 低低聚集地区只有安徽宣城有所变化，其他城市无变化，说明安徽省的商贸流通产业发展水平有待进一步提升。 对比情况详见表 6-6。

**表 6-6 2005—2015 年长三角城市商贸流通产业的象限分布对比**

| 象限 | 2005 年 | 2015 年 |
|---|---|---|
| 第一象限<br>（HH） | 常州、苏州、嘉兴、绍兴、台州、金华、南通、上海 | 盐城、常州、无锡、苏州、嘉兴、绍兴、台州、金华、南通、上海、镇江 |
| 第二象限<br>（LH） | 泰州、湖州、舟山、滁州、扬州、镇江 | 泰州、湖州、舟山、滁州、宣城、扬州 |
| 第三象限<br>（LL） | 马鞍山、芜湖、铜陵、安庆、池州、宣城 | 马鞍山、芜湖、铜陵、安庆、池州 |
| 第四象限<br>（HL） | 南京、杭州、宁波、合肥、无锡、盐城 | 南京、杭州、宁波、合肥 |

Moran's Ⅰ散点图主要反映了长三角城市商贸流通产业增加值的局部集聚模式，并没有显示各城市商贸流通产业局部空间自相关的显著程度，因此可进一步借助 LISA 的显著性检验进行补充说明。从 Moran's Ⅰ散点图可知，多个城市表现为高高、低低的正向空间集聚，但检验显示只有少数几个城市的正向空间自相关性显著，表现为高高聚集的主要是苏州、嘉兴和绍兴，表现为低低聚集的为安徽省西部的部分城市。

## 二、空间基尼系数

空间基尼系数可以测定某个行业在空间上分布的均衡程度，计算公式为

$$G = \sum_{i=1}^{N} (s_i - x_i)^2 \qquad (6\text{-}4)$$

式中，$G$ 为空间基尼系数，$s_i$ 是 $i$ 城市商贸流通产业占长三角城市商贸流通产业增加值的比重，$x_i$ 是 $i$ 城市所有产业增加值占长三角地区所有产业增加值的比重。空间基尼系数为 0 时，表明某一产业的空间分布是均匀的。空间基尼系数越大，说明产业的集聚度越高。

另外，还可以计算商贸流通产业在不同城市分布的基尼系数，计算公式为

$$G = \frac{1}{2n^2 \bar{s}} \sum_{i=1}^{n} \sum_{j=1}^{n} |s_i - s_j| \qquad (6\text{-}5)$$

式中，$s_i$、$s_j$ 是城市 $i$ 和城市 $j$ 在商贸流通产业中所占的份额，$n$ 是长三角城市的个数，$\bar{s}$ 是各城市在商贸流通产业中所占份额的均值。先计算任何两个城市商贸流通产业增加值的差距，然后通过洛伦兹曲线与 45 度线间的面积及等边直角三角形间的面积的比值来计算空间基尼系数。

根据空间自相关性及空间计量多阶相邻中的最优可决系数，吴雪萍和赵果庆（2017）把空间基尼系数分为 3 种：显性空间基尼系数、隐性空间基尼系数和显性－隐性空间基尼系数，计算公式分

别为

$$G_1 = \frac{1}{2n^2\mu_s} \sum_{i=1}^{n} \sum_{j=1}^{n} |s_i - s_j| \qquad (6\text{-}6)$$

$$G_2 = \frac{R^2}{n^2(\mu_s + \mu_{ws})} \sum_{i=1}^{n} \sum_{j=1}^{n} |s_i - ws_j| \qquad (6\text{-}7)$$

$$Gini = G_1 + G_2 \qquad (6\text{-}8)$$

$G_1$ 表示显性空间基尼系数，$G_2$ 表示隐性空间基尼系数，$R^2$ 为空间自相关的可决系数，$w$ 为空间矩阵。同样地，$G_2$ 系数越大，说明商贸流通产业的集聚度越高。$Gini$ 为显性－隐性空间基尼系数，代表显性基尼系数和隐性基尼系数之和。

空间基尼系数的计算方法相对比较简便，直观性较强，可以转化成洛伦兹曲线。但空间基尼系数也存在一定的缺陷，Ellison & Glaeser（1997）认为，空间基尼系数没有考虑企业规模的差异性，故在利用空间基尼系数来测度产业空间集聚时往往含有虚假成分。

城市商贸流通产业的 $Gini$ 系数取值范围在 $0\sim1$ 之间，当 $Gini$ 系数越接近于 1，则该产业在地理上越趋于集中，产业的集聚特征越明显。表 6-7 为 2005—2015 年长三角城市商贸流通产业的空间基尼系数。

表 6-7　2005—2015 年长三角城市商贸流通产业的空间基尼系数

| 年份 | 2005 | 2006 | 2007 | 2008 | 2009 | 2010 | 2011 | 2012 | 2013 | 2014 | 2015 |
|---|---|---|---|---|---|---|---|---|---|---|---|
| $G_1$ | 0.544 | 0.540 | 0.540 | 0.540 | 0.565 | 0.573 | 0.572 | 0.571 | 0.563 | 0.559 | 0.558 |
| $G_2$ | 0.014 | 0.014 | 0.015 | 0.019 | 0.043 | 0.050 | 0.038 | 0.037 | 0.023 | 0.032 | 0.025 |
| $Gini$ | 0.557 | 0.554 | 0.556 | 0.560 | 0.607 | 0.622 | 0.611 | 0.607 | 0.587 | 0.591 | 0.584 |

各年份长三角城市商贸流通产业的空间基尼系数都超过 0.5，说明长三角城市商贸流通产业存在高度的产业集聚特征。$G_1$ 为显性空间基尼系数，呈现出的变化趋势为先升后降，说明城市间商贸流通产业增加值的差异先增大后变小，集聚特征也呈现出先强后弱；$G_2$ 为隐性空间基尼系数，隐性系数相对小很多，为显性基尼系数的 5%

左右，其变化趋势与显性基尼系数相类似。 结合显性与隐性空间基尼系数，可以揭示长三角城市商贸流通产业存在高度的集聚特征，且集聚度呈先增后减趋势。

## 三、标准差椭圆

### （一）标准差椭圆

韦尔蒂·利菲弗（D. Welty Ldfever）在 1926 年提出标准差椭圆（SDE）方法。 Lauren（2010）认为，空间分布椭圆的基本参数（中心、长轴、短轴、面积及方位角）能够精确地解释研究对象空间分布多方面的特征。 标准差椭圆不仅可以从重心角度，还能从多角度、多层次来揭示要素的空间分布特征和要素的时空演化过程，其主要从要素分布的范围性、空间密集性及空间方向等方面来体现（赵璐、赵作权，2014a）。

首先，确定椭圆的圆心。 在计算出要素重心的基础上利用算术平均中心便可计算出椭圆的圆心，具体公式为

$$\mathrm{SDE}_x = \sqrt{\dfrac{\sum\limits_{i=1}^{n}(x_i - \overline{X})^2}{n}} \qquad (6\text{-}9)$$

$$\mathrm{SDE}_y = \sqrt{\dfrac{\sum\limits_{i=1}^{n}(y_i - \overline{Y})^2}{n}} \qquad (6\text{-}10)$$

式中， $x_i$ 和 $y_i$ 是每个要素的空间位置坐标，$\overline{X}$ 和 $\overline{Y}$ 是算术平均中心，$\mathrm{SDE}_x$ 和 $\mathrm{SDE}_y$ 为最后计算出来的椭圆圆心。

其次，确定椭圆的方向，也就是椭圆的方位角，以 X 轴为基准，向正北方向（12 点方向）进行顺时针旋转。 方位角的计算公式为

$$\tan\theta = \dfrac{A + B}{C} \qquad (6\text{-}11)$$

$$A = (\sum_{i=1}^{n} \widetilde{x}_i^2 - \sum_{i=1}^{n} \widetilde{y}_i^2) \qquad (6\text{-}12)$$

$$B = \sqrt{(\sum_{i=1}^{n} \widetilde{x}_i^2 - \sum_{i=1}^{n} \widetilde{y}_i^2)^2 + 4(\sum_{i=1}^{n} \widetilde{x}_i \, \widetilde{y}_i)^2} \qquad (6\text{-}13)$$

$$C = 2\sum_{i=1}^{n} \widetilde{x}_i \, \widetilde{y}_i \qquad (6\text{-}14)$$

式中，$\widetilde{x}_i$ 和 $\widetilde{y}_i$ 为算术平均中心与 X 方向、Y 方向坐标的差。

最后，确定长短轴的长度，具体公式如下：

$$\sigma_x = \sqrt{2}\sqrt{\dfrac{\sum_{i=1}^{n}(\widetilde{x}_i\cos\theta - \widetilde{y}_i\sin\theta)^2}{n}} \qquad (6\text{-}15)$$

$$\sigma_y = \sqrt{2}\sqrt{\dfrac{\sum_{i=1}^{n}(\widetilde{x}_i\sin\theta + \widetilde{y}_i\cos\theta)^2}{n}} \qquad (6\text{-}16)$$

将数据代入计算公式便可以将参数都计算出来。若需要研究某个要素的标准差椭圆分布，只需将某个要素的数值作为权重代入公式，即可计算出该要素标准差椭圆的各个参数。

利用标准差椭圆分析产业集聚特征，可以排除空间分割与空间尺度对集聚的影响，能够较为准确地刻画产业集聚的强度及变化趋势，识别城市商贸流通产业规模变化对长三角城市商贸流通产业空间集聚格局的影响，还可以在空间上进行可视化表达（赵璐、赵作权，2014b）。标准差椭圆以要素的空间区位和结构为基础进行计算，若某要素的空间增长过程是均质的、随机的，那么该要素的标准差椭圆与空间区位的标准差椭圆就比较相似，反之差别就较大（常安瑞、安树伟，2016）。如果要素的标准差椭圆明显小于基准的标准差椭圆，那么可以判定该要素在空间上存在一定的集聚特征，便可以通过分析要素标准差椭圆与基准标准差椭圆面积的差异变化，来判定和描述要素的空间集聚变化趋势。空间集聚度的计算公式为

$$A = \left|1 - \dfrac{\text{Area（要素标准差椭圆）}}{\text{Area（基准标准差椭圆）}}\right| \qquad (6\text{-}17)$$

其中，$A$ 越大，表明该要素的集聚度越高。 另外，可以通过要素标准差椭圆变化，从整体上来反映某要素的空间集聚格局变化趋势，主要表现为集中发展、离散发展和稳定发展 3 种态势。 如果该要素的空间分布椭圆面积不断缩小，说明呈现出集中化集聚的发展趋势；若空间分布椭圆面积不断扩大，说明呈现离散化集聚的发展趋势；若空间分布椭圆面积基本上保持不变，说明呈现出稳定的集聚趋势。 再次，标准差椭圆能够结合产业规模变化来反映对整个空间范围内集聚格局的影响，从城市角度来解释空间产业集聚格局的变化原因。 空间分布椭圆可以分为圆内和圆外两个空间，分布在椭圆内的城市为该要素空间分布的主要部分，若分布在椭圆内部的城市增长快于外部城市，那么椭圆面积会呈现缩小趋势；反之，则呈现不断扩大的趋势。

**(二)空间格局相似性**

空间格局相似性分析，旨在描述两个或多个空间格局在中心性、展示范围、密集性及轴线等方面的相似程度（赵作权，2014）。各要素标准差椭圆的空间重叠程度可以描述两两之间空间格局的相似程度，可以用下面的相似系数来衡量两者之间的相似性：

$$S = \frac{\text{Area}(A_1 \bigcap A_2)}{\text{Area}(A_1 \bigcup A_2)} \qquad (6\text{-}18)$$

式中，$A_1$ 和 $A_2$ 分别表示两个空间格局的标准差椭圆，$\text{Area}(A_1 \bigcap A_2)$ 表示两个椭圆相交的面积，$\text{Area}(A_1 \bigcup A_2)$ 表示两个椭圆并集的面积，$S$ 即为两个椭圆的相似性，相似系数介于 0 和 1 之间。

**(三)长三角城市商贸流通产业空间集聚分析**

以长三角 26 个地级以上城市作为商贸流通产业的足迹空间，其空间分布椭圆中心位于苏州市吴中区。 椭圆的长轴为 184.39km、短轴为 126.26km，椭圆面积约为 73 146.08km²，方位角为 120.3878°。 根据长三角城市的空间标准差椭圆，可以测算出 2015

年长三角城市商贸流通产业的空间集聚度为0.317,表现出一定的空间集聚特征。 长三角地区沿海城市的商贸流通产业发展情况远优于内陆城市,椭圆主要分布在长三角的中部地区,表明长三角南北、城市的商贸流通产业差异不显著,主要体现为东、西城市的商贸流通差异。 详见表6-8。

表6-8  2005—2015年长三角商贸流通产业标准差椭圆参数值

| 项目 | 年份 | 中心经度/°E | 中心纬度/°N | 短轴/km | 长轴/km | 面积/km² | 方位角/° | 集聚度 |
|---|---|---|---|---|---|---|---|---|
| 长三角城市商贸流通产业空间分布椭圆 | 2005 | 120.45 | 31.14 | 128.88 | 189.27 | 76 636.17 | 120.17 | 0.292 |
| | 2006 | 120.44 | 31.15 | 128.77 | 189.55 | 76 682.12 | 119.82 | 0.291 |
| | 2007 | 120.42 | 31.17 | 128.49 | 189.02 | 76 297.12 | 119.24 | 0.295 |
| | 2008 | 120.43 | 31.16 | 128.35 | 187.64 | 75 661.48 | 119.37 | 0.300 |
| | 2009 | 120.49 | 31.18 | 125.03 | 183.55 | 72 098.95 | 119.84 | 0.342 |
| | 2010 | 120.51 | 31.19 | 123.96 | 182.43 | 71 047.36 | 119.90 | 0.351 |
| | 2011 | 120.49 | 31.19 | 123.05 | 182.87 | 70 690.23 | 119.59 | 0.351 |
| | 2012 | 120.48 | 31.19 | 122.88 | 183.79 | 70 950.23 | 119.68 | 0.347 |
| | 2013 | 120.50 | 31.19 | 121.93 | 179.91 | 68 916.65 | 122.86 | 0.324 |
| | 2014 | 120.45 | 31.18 | 125.07 | 183.76 | 72 202.03 | 121.10 | 0.328 |
| | 2015 | 120.44 | 31.18 | 126.27 | 184.40 | 73 146.08 | 120.39 | 0.317 |
| 长三角城市空间标准差椭圆 | | 119.66 | 31.17 | 154.78 | 225.55 | 109 673.91 | 114.01 | — |

从表6-8可知,2005—2010年间,长三角城市商贸流通产业的空间集聚度不断提高,呈现出集中化集聚的发展趋势,集聚效应对商贸流通产业的发展发挥着重要作用。 商贸流通产业的重心先是往东北方向偏移,后又向西南方向偏移。 以长三角城市的标准差椭圆作为参照,2005年的空间集聚度为0.292,2010年的空间集聚度达到了0.351,具有较大幅度的提升;但2011—2015年的空间集聚度呈现出下降的趋势。 长轴和短轴都呈现出相似的变化趋势,但变化的幅度存在差异,长轴与短轴的比先呈上升趋势,在2012年后开始

下降。 方位角在 2013 年达到最大，后开始变小，说明椭圆先是顺时针旋转，之后为逆时针旋转。

通过对比 2005—2015 年长三角城市商贸流通产业增加值的变化情况，可以很好地解释长三角城市商贸流通产业空间分布椭圆变动的原因。 2005—2010 年分布在椭圆内城市的商贸流通产业的增长快于椭圆外城市的商贸流通产业的增长，故商贸流通产业呈现出集中化集聚的发展趋势；2011—2015 年由于椭圆外城市发展较快，故呈现出离散化集聚的发展趋势。 当集中度达到一定程度后，往往会出现交通拥堵等问题，这对产业发展产生了一定的负面影响，故城市商贸流通产业逐步呈现出分散化发展的趋势。

从椭圆中心的变化情况来看（见图 6-3），先向东北偏移，接着向西南方向回落，但总体方向是向北偏转，江苏省商贸流通产业增长较快，为椭圆中心向北偏移的重要原因。 2005—2012 年间，位于椭圆内部西北—东南方向城市的商贸流通产业增长速度较快，长轴与短轴的比值呈增大趋势（见图 6-4），故椭圆在西北—东南方向扩张，且整体上略向东北方向偏移；相应地，西南—东北方向城市的商贸流通产业发展略显缓慢，因此椭圆在西南—东北方向相对有所收缩。 2013—2015 年椭圆的长轴与短轴之比有所减小。

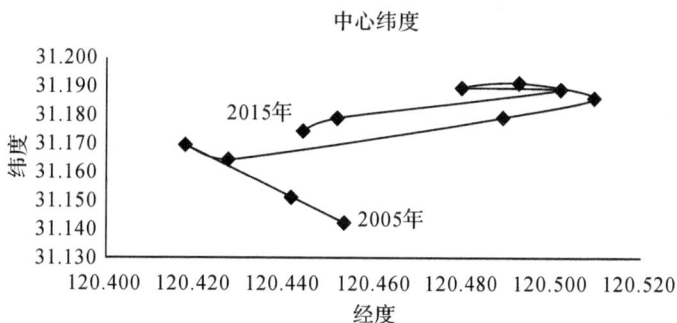

图 6-3 2005—2015 年长三角地区商贸流通产业重心变化趋势

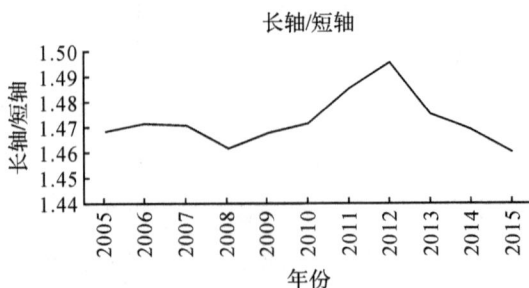

图 6-4　2005—2015 年长三角地区商贸流通产业长轴与短轴之比变化趋势

## （四）商贸流通分行业空间集聚分析

总体上，长三角城市商贸流通产业的各个细分行业与商贸流通产业的空间集聚程度大致相似，分布椭圆呈"西北—东南"方向，但各个行业与商贸流通产业之间也存在着一定的差异。从集聚程度来看，批发零售业的空间集聚程度最高，达到 0.351，高于长三角地区商贸流通产业的集聚度，这说明批发零售业主要集中于椭圆内的一些城市，使得该行业存在较高的空间集聚度。其次是住宿和餐饮业，该行业的空间集聚度与商贸流通产业的集聚度相比较低。交通运输、仓储和邮政业的空间集聚度最低。详见表 6-9。

表 6-9　2015 年各行业的标准差椭圆参数值

| 行业 | 中心经度/°E | 中心纬度/°N | 短轴/km | 长轴/km | 面积/km² | 方位角/° | 集聚度 |
|---|---|---|---|---|---|---|---|
| 交通运输、仓储和邮政业 | 120.40 | 31.22 | 128.07 | 204.10 | 82119.91 | 119.70 | 0.251 |
| 批发零售业 | 120.51 | 31.18 | 126.42 | 179.09 | 71125.41 | 123.16 | 0.351 |
| 住宿和餐饮业 | 120.25 | 31.16 | 132.51 | 192.18 | 80003.23 | 121.74 | 0.271 |
| 商贸流通产业 | 120.44 | 31.18 | 126.27 | 184.40 | 73146.08 | 120.39 | 0.333 |
| 长三角城市空间标准差椭圆 | 119.66 | 31.17 | 154.78 | 225.55 | 109673.91 | 114.01 | |

　　从空间位置来看，这些行业的椭圆中心都分布于苏州市吴中区，但与商贸流通产业的中心相比，交通运输、仓储和邮政业的重心偏北，批发零售业的重心偏东，住宿和餐饮业的重心偏西。

　　从各行业空间集聚度的变化趋势来看，都呈现出不断扩大的趋势，但也都有所波动。 2010 年以前，各个行业的集聚度缓慢提升，说明其间长三角城市商贸流通产业的差异在慢慢扩大；2010 年后，各行业的空间集聚度表现为上下波动，后期当集中到一定程度后，集聚不经济使得城市商贸流通产业发展呈现出分散化态势。 详见图6-5。

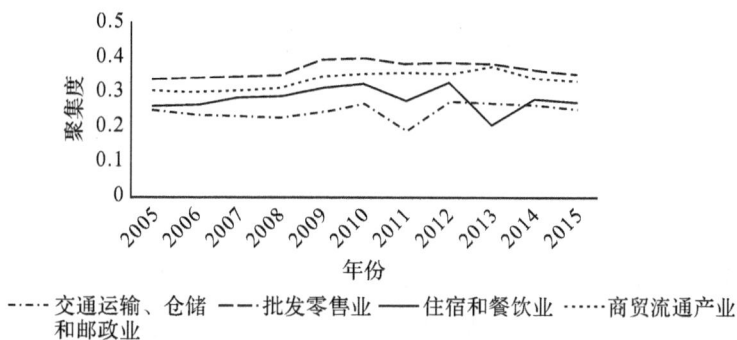

图 6-5　分行业的集聚度变化趋势

# 第七章 长三角城市商贸流通产业的空间溢出效应

## 第一节 指标选取及数据来源

### 一、指标选取

结合各因素对区域商贸流通产业的影响机制及数据可得性，本节选择劳动从业人员、城镇化水平、产业结构、商贸流通产业投资额、国际贸易及产业专业化水平为解释变量，对长三角城市商贸流通产业的空间溢出效应展开分析。

同样，本节将交通运输、仓储和邮政业，批发零售业，住宿和餐饮业的增加值之和作为商贸流通产业增加值，以 2005 年为基期，把各年名义商贸流通产业增加值通过 GDP 平减指数折算为可比价商贸流通产业增加值，用 CRIGDP 表示。

解释变量中，劳动从业人员以从事商贸流通产业的从业人员数量为代表，用 LABOR 表示；城镇化水平则采用各市城镇人口占总人口的比重来衡量，以 URBAN 表示；产业结构则以第三产业增加值占 GDP 的比重来衡量，用 THRID 表示；商贸流通产业投资额以商贸流通产业的固定资产投资额来衡量，用 INVEST 表示；国际贸易以年均汇率转化后的进出口总额来衡量，用 TRADE 表示；将长三角城市商贸流通产业的区位熵作为衡量产业专业化水平指标，用

CLUST 表示。 为了更直观地反映各变量的分布特征，本节对各变量进行描述性统计，详见表 7-1。

表 7-1　各变量的描述性统计量

| 指标 | 单位 | 样本量 | 截面时期 | 最大值 | 最小值 | 平均值 | 标准差 |
|------|------|--------|----------|--------|--------|--------|--------|
| CRIGDP | 亿元 | 26 | 2611 | 43 848.48 | 1096.14 | 9752.67 | 8129.81 |
| LABOR | 万人 | 26 | 2611 | 209.14 | 0.46 | 11.97 | 26.61 |
| URBAN | % | 26 | 2611 | 89.60 | 28.93 | 59.97 | 12.25 |
| THRID | % | 26 | 2611 | 67.76 | 23.36 | 39.96 | 7.38 |
| INVEST | 亿元 | 26 | 2611 | 634.93 | 6.52 | 142.65 | 136.35 |
| TRADE | 亿元 | 26 | 2611 | 26 280.34 | 4.71 | 2326.48 | 4911.93 |
| CLUST | | 26 | 2611 | 1.14 | 0.76 | 0.96 | 0.08 |

## 二、数据来源

本章的研究对象为长三角地区地级以上城市，即上述 26 个城市。 以上指标的数据来源于《中国城市统计年鉴》《安徽统计年鉴》《江苏统计年鉴》《上海统计年鉴》《浙江统计年鉴》及其他各城市的统计年鉴。

产业结构制约商贸流通产业内部各个行业之间的关系及变化情况，决定着商品供给结构，各城市的商贸流通产业的专业化水平代表着该城市商贸流通产业的竞争优势，故分析中将产业结构和产业专业化水平作为主要解释变量，其余变量作为控制变量来分析各变量对商贸流通产业发展的影响效应。 详见表 7-2。

表 7-2　各变量解释说明

| 变量 | 变量名 | 说明 |
|------|--------|------|
| 被解释变量 | 商贸流通产业 | 各年份城市商贸流通产业的增加值 |
| 解释变量 | 产业结构 | 第三产业增加值占 GDP 的比重 |
| | 产业专业化水平 | 各城市商贸流通产业的区位熵 |

续　表

| 变量 | 变量名 | 说明 |
|---|---|---|
| 控制变量 | 劳动从业人员 | 从事商贸流通产业的从业人员数 |
| | 城镇化水平 | 各市的城镇人口占总人口的比重 |
| | 商贸流通产业投资额 | 商贸流通产业的固定资产投资额 |
| | 国际贸易 | 进出口总额 |

## 第二节　基于面板模型的商贸流通产业影响因素分析

长三角城市商贸流通产业呈现出空间集聚特征，但集聚度呈倒U形，表明 2010 年后商贸流通产业逐步向协同发展转型。因此为了促进长三角城市商贸流通产业的协调发展，有必要进一步明晰上述各因素对商贸流通产业的影响效应。

### 一、长三角城市商贸流通业的影响因素分析

根据上述的变量选择，设定面板模型如下：

$$\ln CRIGDP_{it} = a_{it} + \beta_1 \ln THRID_{it} + \beta_2 \ln CLUST_{it} + \beta_3 \ln LABOR_{it} +$$
$$\beta_4 \ln URBAN_{it} + \beta_5 \ln TRADE_{it} + \beta_6 \ln INVEST_{it} + \varepsilon_{it}$$

$$(7\text{-}1)$$

式中，$i = 1, 2, \cdots, N(N = 26)$，$t = 1, 2, \cdots, T(T = 11)$，$\varepsilon_{it}$ 为随机误差项。为一定程度上消除变量可能存在的异方差，对所有变量取对数。表 7-3 为面板数据模型估计值。

表 7-3　面板数据模型估计值

| 解释变量 | 面板模型 | |
|---|---|---|
| | 个体固定效应 | 个体随机效应 |
| 常数项 | $-3.539^{***}$<br>$(-13.923)$ | $-3.187^{***}$<br>$(-13.306)$ |
| THRID | $1.088^{***}$<br>$(8.185)$ | $1.137^{***}$<br>$(8.889)$ |
| CLUST | $0.2198^{**}$<br>$(2.092)$ | $0.093^{**}$<br>$(1.987)$ |
| URBAN | $1.233^{***}$<br>$(6.841)$ | $0.970^{***}$<br>$(5.858)$ |
| INVEST | $0.174^{***}$<br>$(8.645)$ | $0.188^{***}$<br>$(9.465)$ |
| LABOR | $0.152^{***}$<br>$(5.299)$ | $0.155^{***}$<br>$(5.726)$ |
| TRADE | $0.352^{***}$<br>$(9.131)$ | $0.304^{***}$<br>$(11.25)$ |
| $R^2$ | 0.989 | 0.987 |
| Hausman 检验 | $0.2198^{**}$<br>$[0.065]$ | $0.109$<br>$[0.786]$ |

注:小括号内为 t 统计值,中括号内为 P 值。

从表 7-3 的检验结果来看，在 5% 的显著水平下，无法拒绝随机效应的原假设，故选择个体随机效应模型来分析长三角城市商贸流通产业的影响因素及效应。 个体随机效应模型的估计结果表明，自变量大多都通过 1% 的显著性水平检验，商贸流通产业的产业专业化水平通过 5% 的显著性水平检验。 解释变量中第三产业占比每提高 1%，商贸流通产业增加值就增长 1.13%，表现出较强的促进作用，但产业专业化水平的影响作用相对较弱，弹性系数仅为 0.093。 从控制变量来看，城镇化水平的提高对商贸流通产业的促进作用较为显著，弹性系数达到 0.970；相比而言，劳动从业人员、商贸流通产业投资额及国际贸易的弹性系数分别为 0.155、0.188 和 0.304。

## 二、不同规模下商贸流通产业的影响因素分析

由于商贸流通产业在各个城市的发展水平差异较大,且不同时期各因素对商贸流通产业的影响效应也不尽相同。 为此,本部分将长三角城市按商贸流通产业增加值的规模划分为 3 个档次进行分析:商贸流通产业规模较大的城市包括上海、苏州、无锡、南京、宁波、杭州、常州、南通,中等规模的城市为台州、金华、绍兴、嘉兴、合肥、盐城、镇江、泰州、扬州,规模较小的城市为湖州、芜湖、舟山、安庆、马鞍山、滁州、宣城、铜陵、池州。 具体估计结果见表 7-4。

表 7-4　不同商贸流通产业规模下面板模型的估计结果

| 解释变量 | 大规模城市 | | 中等规模城市 | | 小规模城市 | |
|---|---|---|---|---|---|---|
| | 固定效应 | 随机效应 | 固定效应 | 随机效应 | 固定效应 | 随机效应 |
| 常数项 | −3.751*** (−5.834) | −0.790** (−2.752) | −3.142*** (−6.145) | −3.040*** (−10.470) | −2.770** (−4.995) | 0.008 (0.224) |
| THRID | 2.030*** (8.020) | 2.306*** (11.358) | 0.312* (1.623) | 0.416** (1.845) | 0.814*** (3.051) | 0.971*** (5.381) |
| CLUST | 0.591*** (3.857) | 1.051*** (5.508) | 0.049 (0.2492) | 0.017 (0.069) | −0.190 (−0.855) | −0.783*** (−6.231) |
| URBAN | 0.099*** (0.176) | −2.046 (−9.879) | 1.140*** (4.324) | 1.245*** (6.004) | 1.058*** (4.198) | −0.615*** (−4.324) |
| INVEST | 0.124*** (2.221) | 0.327 (9.889) | 0.265*** (7.890) | 0.279*** (8.419) | 0.176*** (6.004) | 0.126*** (5.151) |
| LABOR | 0.128 (2.210) | −0.027 (−1.001) | 0.031 (0.575) | 0.014 (0.278) | 0.105*** (2.008) | 0.427*** (12.311) |
| TRADE | 0.460*** (13.220) | 0.454*** (22.730) | 0.374*** (7.587) | 0.350*** (8.209) | 0.291*** (5.731) | 0.236*** (9.457) |
| $R^2$ | 0.983 | 0.945 | 0.950 | 0.929 | 0.952 | 0.854 |
| Hausman 检验 | [0] | | [0.549] | | [0] | |

注:小括号内为 t 统计值,中括号内为 P 值。

从表7-4可以看出，不同商贸流通产业规模城市的解释变量与控制变量的影响效应及显著性存在差异，说明影响城市商贸流通产业发展的因素存在一定的地域差异性。 商贸流通产业规模大的城市选择个体固定效应模型进行分析，结果为除了劳动从业人员外，其他变量都通过显著性检验；商贸流通产业规模中等的城市选择个体随机效应模型进行分析，但劳动从业人员和产业专业化水平未通过显著性检验；商贸流通产业规模小的城市选择个体固定效应模型进行分析，其中产业专业化水平未通过显著性检验，其他变量都通过显著性检验。

对估计结果的进一步分析发现，对于商贸流通产业规模大的城市而言，产业结构的升级及产业专业化水平的提高都有利于促进商贸流通产业的发展，它们的弹性系数分别达到2.03和0.591；控制变量中国际贸易的作用效应相对较大，但劳动从业人员的影响作用不显著；商贸流通产业规模中等城市的解释变量中，产业专业化水平和劳动从业人员的影响都不显著；在商贸流通产业规模小的城市中，除产业专业化水平不显著外，其他变量都对商贸流通产业产生显著的促进效应。

## 第三节 长三角商贸流通产业空间溢出效应的实证分析

长三角城市商贸流通产业存在显著的空间关联性。 本节在利用空间面板模型估计各个变量对商贸流通产业影响效应的基础上，需进一步考虑变量的空间关联性，则利用空间面板模型来解析长三角城市商贸流通业的空间溢出效应。

### 一、空间面板模型设定

本节同样以劳动从业人员、城镇化水平、产业结构、商贸流通产业投资额、国际贸易及产业专业化水平为解释变量，商贸流通产业增加值为因变量，来开展对长三角城市商贸流通产业的空间溢出效应分析。 首先建立基本的面板模型，具体形式为

$$\ln\text{CRIGDP}_{it} = a_{it} + \beta_1\ln\text{LABOR}_{it} + \beta_2\ln\text{URBAN}_{it} + \beta_3\ln\text{THRID}_{it} +$$
$$\beta_4\ln\text{ECONO}_{it} + \beta_5\ln\text{TRADE}_{it} + \beta_6\ln\text{CLUST}_{it} +$$
$$\beta_7\ln\text{INVEST}_{it} + \varepsilon_{it} \tag{7-2}$$

在式（7-2）中引入因变量的空间滞后项，得到空间滞后面板模型：

$$\ln\text{CRIGDP}_{it} = a_{it} + \rho W_{ij}\ln\text{CRIGDP}_{it} + \beta_1\ln\text{LABOR}_{it} + \beta_2\ln\text{URBAN}_{it} +$$
$$\beta_3\ln\text{THRID}_{it} + \beta_4\ln\text{ECONO}_{it} + \beta_5\ln\text{TRADE}_{it} +$$
$$\beta_6\ln\text{CLUST}_{it} + \beta_7\ln\text{INVEST}_{it} + \varepsilon_{it} \tag{7-3}$$

式中，$\rho$ 是空间自回归参数，度量商贸流通产业增加值的空间溢出效应。 空间滞后面板模型将与周边城市的被解释变量作为一个影响因素，探究周边城市商贸流通产业的发展水平对本城市商贸流通产业发展的影响效应，即为城市之间商贸流通产业的空间溢出效应。

若在式（7-2）中引入误差项的空间滞后项，得到空间误差面板模型：

$$\ln\text{CRIGDP}_{it} = a_{it} + \beta_1\ln\text{LABOR}_{it} + \beta_2\ln\text{URBAN}_{it} + \beta_3\ln\text{THRID}_{it} +$$
$$\beta_4\ln\text{ECONO}_{it} + \beta_5\ln\text{TRADE}_{it} + \beta_6\ln\text{CLUST}_{it} +$$
$$\beta_7\ln\text{INVEST}_{it} + \mu_{it} \tag{7-4}$$
$$\mu_{it} = \lambda W_{ij}\mu_{it} + \varepsilon_{it} \tag{7-5}$$

式中，$\lambda$ 为空间误差项的回归系数，$\varepsilon_{it}$ 为随机误差项。 空间误差面板模型反映了一个城市受到的随机冲击不仅对该城市的商贸流通产业产生影响，还对周边城市的商贸流通产业产生影响。

## 二、长三角城市商贸流通产业空间溢出效应解析

Moran's I 指数显示，长三角城市商贸流通产业存在空间关联性。 本部分进一步利用 LM 检验和 Robust LM 检验来进行空间模型形式的选择。 通过检验可以发现，无论是空间滞后面板模型还是

空间误差面板模型，LM 检验都在 1% 的水平下通过显著性检验（见表 7-5），进一步确定了长三角城市商贸流通产业存在显著的空间依赖关系。因此有必要将空间因素纳入面板模型中开展分析，以更客观地解释各变量对商贸流通产业发展的影响效应。

表 7-5　空间面板模型的 LM 检验值

| 空间依赖性检验 | 统计值 | P 值 |
|---|---|---|
| LM-Lag 检验 | 319.45 | 0 |
| Robust LM-Lag 检验 | 222.65 | 0 |
| LM-Error 检验 | 99.90 | 0 |
| Robust LM-Error 检验 | 3.10 | 0.087 |

虽然空间滞后面板模型和空间误差面板模型的 LM 检验都通过了显著性检验，但空间误差面板模型的 Robust LM 检验不是很显著，且空间滞后面板模型的 LM 检验统计值明显大于空间误差面板模型的 LM 检验统计值，故可以断定使用空间滞后面板模型的估计效果要优于空间误差面板模型。所以本部分选用空间滞后面板模型来解析各变量对长三角城市商贸流通产业发展的影响及城市间商贸流通产业的空间溢出效应。详见表 7-6。

表 7-6　长三角城市商贸流通产业空间面板模型的估计结果

| 变量 | 空间滞后面板模型 | | 空间误差面板模型 | |
|---|---|---|---|---|
| | 固定效应 | 随机效应 | 固定效应 | 随机效应 |
| 常数项 | | −0.96 ***<br>（−5.256） | | 0.603 ***<br>（3.451） |
| THRID | 0.524 ***<br>（1.689） | 0.479 ***<br>（4.33） | 0.357 ***<br>（2.788） | 0.245 ***<br>（2.360） |
| CLUST | 0.83411 ***<br>（8.98785） | 0.603 ***<br>（7.289） | 0.83 ***<br>（5.685） | 0.759 ***<br>（9.29） |
| URBAN | 0.599 ***<br>（4.405） | 0.646 ***<br>（4.92） | 0.7334 ***<br>（6.333） | 0.855 ***<br>（6.86） |

续　表

| 变量 | 空间滞后面板模型 | | 空间误差面板模型 | |
|------|------|------|------|------|
| | 固定效应 | 随机效应 | 固定效应 | 随机效应 |
| INVEST | $-0.091^{***}$<br>$(-14.919)$ | $-0.0933^{***}$<br>$(-15.625)$ | $-0.109^{***}$<br>$(-18.256)$ | $-0.110^{***}$<br>$(15.78)$ |
| LABOR | $0.080^{***}$<br>$(4.301)$ | $0.083^{***}$<br>$(4.322)$ | $0.061^{***}$<br>$(5.988)$ | $0.077^{***}$<br>$(4.62)$ |
| TRADE | $0.3365^{***}$<br>$(19.617)$ | $0.197^{***}$<br>$(8.414)$ | $0.218^{***}$<br>$(8.099)$ | $0.373^{***}$<br>$(15.403)$ |
| $\rho$ | $0.695^{***}$<br>$(22.932)$ | $0.600^{***}$<br>$(18.564)$ | | |
| $\lambda$ | | | $0.066^{***}$<br>$(55.136)$ | $-0.004$<br>$(-0.371)$ |
| $R^2$ | 0.9758 | 0.994 | 0.947 | 0.930 |
| 调整 $R^2$ | 0.948 | 0.873 | 0.902 | 0.887 |
| Hausman 检验 | $-24.349^{***}$ | | $357.748^{***}$ | |

注：小括号内为 t 统计值。

　　从 Hausman 检验结果可知，无论是空间滞后面板模型，还是空间误差面板模型，都拒绝了个体随机效应模型的原假设，所以采用固定效应模型进行估计更为合适。再结合前面的 LM 检验和 Robust LM 检验结果，故选择固定效应的空间滞后面板模型，来解析长三角城市商贸流通产业的空间溢出效应。

　　固定效应又分为个体固定效应和时间固定效应，个体固定效应表示随城市变化但不随时间变化的变量对稳定态势的影响，而时间固定效应则反映随时间变化但不随城市变化的变量对稳定态势的影响。在此从无固定效应、个体固定效应、时间固定效应及时空固定效应即双固定效应入手，分别开展空间滞后面板模型的估计。详见表 7-7。

表 7-7　长三角城市商贸流通产业固定效应面板模型的估计结果

| 变量 | 无固定效应 | 个体固定效应 | 时间固定效应 | 时空固定效应 |
|---|---|---|---|---|
| INTERCEPT | 0.387<br>(1.583) | | | |
| THRID | 0.166<br>(1.505) | 0.524 ***<br>(1.689) | 0.276 ***<br>(2.60) | 0.409 ***<br>(3.75) |
| CLUST | 0.819 ***<br>(8.760) | 0.834 ***<br>(8.988) | 0.803 ***<br>(9.390) | 0.877 ***<br>(10.262) |
| URBAN | 0.428 ***<br>(3.736) | 0.599 ***<br>(4.405) | 0.800 ***<br>(6.640) | 0.737 ***<br>(5.983) |
| INVEST | −0.095 ***<br>(−14.010) | −0.091 ***<br>(−14.919) | −0.109 ***<br>(−16.699) | −0.107 ***<br>(−17.76) |
| LABOR | 0.123 ***<br>(6.770) | 0.080 ***<br>(4.301) | 0.065 ***<br>(3.759) | 0.066 ***<br>(3.806) |
| TRADE | 0.342 **<br>(22.421) | 0.3365 ***<br>(19.617) | 0.330 ***<br>(22.139) | 0.339 ***<br>(22.345) |
| $\rho$ | 0.369 ***<br>(11.483) | 0.695 ***<br>(22.932) | −0.015<br>(−0.22) | 0.104<br>(0.105) |
| $R^2$ | 0.962 | 0.984 | 0.982 | 0.994 |
| 调整 $R^2$ | 0.960 | 0.976 | 0.946 | 0.988 |
| LM 检验 | 50.643 *** | 547.218 *** | 0.049 | 0.944 |
| Robust LM 检验 | 21.315 *** | 286.653 *** | 0.029 | 15.224 *** |

注：小括号内为 t 统计值。

从表 7-7 可知，空间滞后面板模型的时间固定效应和时空固定效应模型的 LM 检验值都较小，无法拒绝原假设，故不选择时间固定效应和时空固定效应模型进行估计。从无固定效应和个体固定效应模型来看，虽然两者都通过了显著性检验，但个体固定效应模型的 LM 统计量及 Robust LM 统计量都远大于无固定效应的空间滞后面板模型，故选定个体固定效应的空间滞后面板模型开展分析。

从估计效果来看，空间滞后面板模型的 $R^2$ 及调整 $R^2$ 的值都高于 0.9，说明模型整体估计效果较好。从估计系数来看，产业结构、产业专业化水平、城镇化水平、商贸流通产业投资额、劳动从业人员及国际贸易的系数分别为 0.524、0.834、0.599、－0.091、0.080、0.336，表明除了商贸流通产业投资额外大部分变量对长三角城市商贸流通产业都具有正向促进作用。空间滞后项也表现出较高的弹性系数（0.695），表明长三角城市商贸流通产业存在显著的空间溢出效应，即商贸流通产业发展水平较高的城市对周边城市具有正向的辐射作用，与周边城市的贸易往来、协同合作较为频繁，能够带动邻近城市商贸流通产业的发展，呈现出空间溢出效应。解释变量中，产业结构、产业专业化水平对商贸流通产业的发展具有较强的推动作用，商贸流通产业投资额、劳动从业人员系数的显著性水平较弱，国际贸易及城镇化水平对城市商贸流通产业发展也起到一定的推动作用。

## 三、分城市规模的空间溢出效应的实证分析

本部分按照商贸流通产业规模，将长三角城市分为大、中、小 3 个层级，进一步考察其商贸流通产业空间溢出效应的差异性及稳健性，同样设定为个体固定效应的空间滞后面板模型通过 LM 检验及 Robust LM 检验的显著性检验，详见表 7-8。

表 7-8　分规模层级的城市商贸流通产业空间面板模型的估计结果

| 变量 | 大规模城市 | 中等规模城市 | 小规模城市 |
|---|---|---|---|
| THRID | 1.407*** (5.778) | 1.094*** (3.595) | 1.04*** (3.65) |
| CLUST | 0.875*** (6.573) | 0.232 (1.141) | －0.804*** (－4.04) |
| URBAN | －0.7304* (－1.6077) | 0.109* (1.76) | 0.436** (1.95) |
| INVEST | －0.226*** (－5.134) | 0.378*** (7.574) | 0.136*** (3.535) |

| 变量 | 大规模城市 | 中等规模城市 | 小规模城市 |
|---|---|---|---|
| LABOR | 0.075**<br>(2.073) | −0.167***<br>(−2.408) | 0.375<br>(6.321) |
| TRADE | 0.459***<br>(13.036) | 0.247***<br>(7.672) | 0.191***<br>(4.046) |
| $\rho$ | 0.189***<br>(6.573) | 0.005<br>(0.449) | −0.029***<br>(3.078) |
| $R^2$ | 0.980 | 0.808 | 0.876 |
| 调整 $R^2$ | 0.952 | 0.808 | 0.864 |
| LM 检验 | 43.53*** | 34.56*** | 14.5** |
| Robust LM 检验 | 27.96*** | 24.85*** | 12.67** |

注:括号内为 t 统计量。

从表 7-8 可以看出,不同商贸流通产业规模城市的空间面板模型的解释变量影响效果及显著性存在一定的差异,说明长三角城市商贸流通产业发展的影响效应存在地区差异。 对估计结果的进一步分析表明:商贸流通产业规模大的城市中,产业结构和产业专业化水平对商贸流通产业的发展起着至关重要的作用,具有显著的促进效应;城市之间的空间溢出效应也较为明显,空间滞后系数接近 0.2。对商贸流通产业规模中等的城市的分析结果显示,产业结构、产业专业化水平及城市间的空间溢出效应都表现较弱,城镇化水平和商贸流通产业投资额呈现一定的促进作用。 从商贸流通产业规模小的城市的估计结果来看,产业专业化水平对商贸流通产业呈负向作用,城镇化水平、商贸流通产业投资额及国际贸易在一定程度上有利于促进城市商贸流通产业的发展,规模小的城市的空间溢出效应为负。

## 四、空间面板模型与面板模型的比较

个体固定效应空间面板模型与个体随机效应面板模型的估计结果大致相同,但空间面板模型相比于面板模型更能反映长三角城市商贸流通产业发展与周边城市存在的空间关联性及空间溢出效应，表明长三角城市商贸流通产业的发展会对周边城市的商贸流通产业的发展产生辐射带动效应。这种空间溢出效应对长三角城市商贸流通产业的影响往往不可忽视，这也印证了将空间因素引入长三角城市商贸流通产业分析的重要性。

分不同商贸流通产业规模城市的空间面板模型与面板模型的估计结果大致相同，除劳动从业人员的显著性检验存在一定的差异外，其他通过显著性检验的变量基本相同。在空间面板模型中，商贸流通产业规模小的城市的劳动从业人员未通过显著性检验，而面板模型中则是商贸流通产业规模大的城市的劳动从业人员未通过显著性检验。除了商贸流通产业规模中等的城市外，其他城市的空间滞后系数都通过显著性检验，说明大部分长三角城市商贸流通产业表现出较明显的空间溢出效应，尤其是大规模城市的溢出效应更为突出，这是通过一般面板模型所无法发现的结论。

解释变量中，空间面板模型估计结果显示，产业结构对不同商贸流通产业规模城市的影响效应大致相同，而面板模型的估计结果则表现出较大差异，其中商贸流通产业中等规模的城市中产业结构的促进作用较小；产业专业化水平在中等规模城市中也未表现出显著性特征。城镇化水平在商贸流通产业规模大的城市中表现出较小效应，且系数为负；商贸流通产业投资额在规模中等的城市中表现出更强的作用，劳动从业人员对中等规模城市的商贸流通产业的促进作用更为显著，国际贸易同样也在商贸流通产业规模大的城市中起到更强的促进效应。

# 第八章　总结与展望

## 第一节　主要结论

基于商贸流通产业的基本理论，本书从空间依赖性和空间异质性两个角度对我国区域商贸流通产业的空间格局及空间溢出效应展开研究。首先，在 Geoda 软件的支撑下，运用探索性空间数据分析技术考察区域商贸流通产业的空间相关性；其次，以省级商贸流通产业为研究对象，分别构建空间杜宾模型和 GWR 模型对区域商贸流通产业的空间依赖性和空间异质性进行解析，对各个因素对商贸流通产业的影响程度进行讨论；最后，以长三角城市商贸流通产业为研究对象，从多个维度对长三角城市商贸流通产业的空间集聚特征进行测度，并构建空间面板模型分析长三角城市商贸流通产业的空间溢出效应。通过理论和实证分析，本书得到以下主要结论。

（1）省级区域、长三角城市的商贸流通产业均存在明显的正向空间自相关，具有空间集聚趋势。本书运用探索性空间数据分析方法，对我国国内 31 个省区市和长三角 26 个地级以上城市的商贸流通产业空间自相关性进行考察，发现 2005—2015 年两个层级的区域商贸流通产业的全局 Moran's I 统计量均通过显著性检验，表明区域商贸流通产业存在空间依赖性。省级区域的局部空间自相关分析结果显示，高高集聚类型的区域主要集中于环渤海、长三角与珠三角等经济发展水平较高的地区,低低集聚类型的区域主要集中于中部地区和大部分西部省份;长三角城市的空间自相关分析结果显示,江苏省南部和浙江省北部城市,如苏州、绍兴等城市呈现出高高集聚特征,而安徽省的部分城市则呈现出显著的低低集聚特征。长三角城市商贸流通产业的集聚度呈现出倒 U 形趋势,2010 年前长三角城市商贸流通产业表现出集中式集聚特征,商贸流通产业倾向于向大城市聚集;2010 年后则表现出离散型的集聚趋势。

(2)省级区域、长三角城市的商贸流通产业均呈现出较明显的正向空间溢出效应。省级商贸流通产业的空间杜宾模型估计结果显示,我国国内 31 个省区市商贸流通产业具有正向空间溢出效应,邻近省份商贸流通产业增加值每提高 1 个单位,该省份的商贸流通产业增加值将提升 0.568 个单位。四大地区商贸流通产业的空间溢出效应存在较大差异,中部地区的空间溢出效应最强,东部地区次之,东北地区和西部地区的空间溢出效应较弱。长三角城市的空间滞后模型估计结果显示,周边城市的商贸流通产业发展对本城市商贸流通产业发展具有显著的促进作用,周边城市商贸流通产业增加值每提高 1 个单位,该城市商贸流通产业增加值将提升 0.695 个单位。

(3)区域商贸流通产业受主要社会经济因素的影响效应在不同区域、城市存在较大差异。在信息化水平不断提高和贸易异常活跃的今天,发达的互联网和日益兴起的物联网使得商贸流通变得非常便捷。省级商贸流通产业空间杜宾模型的估计结果显示,城市化水平、产业结构、对外开放程度、商贸流通产业固定资产投资和政策支持对商贸流通产业的影响效应在不同地区存在一定差异。长三角城市商贸流通产业空间滞后模型的估计结果显示,产业结构、产业专业化水平、城镇化水平、劳动从业人员及国际贸易对长三角商贸流通产业的影响效应在不同规模的城市中也存在明显差异。

(4)不同区域商贸流通产业的发展存在空间异质性。在考虑空间异质性的情况下,本书构建了 GWR 模型对我国国内 31 个省区市商贸流通产业的空间差异特征进行分析。结果显示，GWR 模型的拟合优度值明显高于普通线性回归模型的拟合优度值，具有较小的残差平方和及 AIC 值。可见，GWR 模型能够较好地阐述商贸流通产业及主要影响因素在不同地理位置的变化情况，适用于分析区域商贸流通产业的空间异质特征。

## 第二节　若干启示

基于以上主要研究结论，结合我国区域商贸流通产业发展实际，本书提出以下政策建议。

（1）广泛存在的空间依赖性使得区域或城市在谋划自身商贸流通产业发展的过程中，不仅要注重自身机制设计、要素投入、政策环境等方面的积极作为，还需考虑到周边区域或城市的溢出效应的影响，充分利用区域或城市之间的空间联系来强化自身的发展。

（2）充分利用区域商贸流通产业的空间溢出效应，促进区域商贸流通产业的协同、高质量发展。区域商贸流通产业的发展要统筹全局，制定总体规划，合理构筑协调有序、结构合理的商贸流通产业发展框架与空间格局；区域间和区域内部要打破壁垒限制，加强交流与合作，做到合理分工，优势互补，真正实现建设大市场、发展大贸易、搞活大流通，利用空间溢出效应缩小地区发展差异，推动协同与高质量发展。

（3）理性地推动城市化进程，不断扩大行业开放度，助推商贸流通产业发展。区域商贸流通产业的发展依赖于人口与资源等要素的集聚，只有具备了高速便捷的交通设施和相对集中的生产要素，才能达到提高流通效率的同时又降低流通成本的目标。城市化的不断推进，为商贸流通产业提供了发展空间及足够的劳动力。因此，一方面，要进一步深化户籍制度改革，适当降低城市准入门槛，方便外来人员融入城市；另一方面，要加强城市基础设施及与周边区域的交通设施、服务网点等建设，便于城市或区域间人员、商品流动，促进商贸流通产业发展。在经济开放的背景下，促进国际的商品流动、经济交流，有利于我国区域商贸流通产业发展的技术创新和营销理念的革新，增强商贸流通产业抵御风险的能力，提升国际竞争力，促进商贸流通产业的健康发展。

（4）加强商贸流通产业的固定资本投入，强化产业基础设施建设，促进商贸流通产业发展。商贸流通产业具有较长的产业链，与其他产业具有较高的关联性，对人力资本、知识技术和劳动力等资本与要素投资需求较多。因此，加强对商贸流通产业固定资本的投资，除了能促进商贸流通产业自身的发展外，还会带动其他关联产业发展。商贸流通产业的发展水平受产业基础设施的影响较大，一些欠发达地区产业基础设施建设水平相对落后，加大对这些地区的政策支持、资金投入，优先扶持当地流通市场、冷链设备、质量安检等基础设施建设，着力改善投资环境，加强城乡衔接网点的建设，能够在相当程度上降低物流所产生的成本，进而提高商贸流通效率。

总之，为促进商贸流通产业发展，区域或城市之间应摒除区域保护主义，充分利用彼此之间的正向溢出效应，共享资源与设施，加强分工与合作，实现资源、要素等在更大范围内的流动及优化配置，以形成区域商贸流通产业的协同发展格局。

# 第三节　未来展望

本书的研究尚存在一些较为粗浅而有待完善的地方，未来将从以下方面开展进一步的深入探索。

（1）研究范围尚未细化到县（市、区）级，可进一步拓展至全国地级以上城市。鉴于统计数据搜集困难、统计口径不一致及县级数据大量缺失，本书只基于省级与地级市层面来解析商贸流通产业的空间格局及空间溢出效应，未来的实证分析可进一步细化至县级层面。 本书对城市层面的分析只针对长三角城市，忽略了周边其他省份对长三角城市商贸流通产业的空间效应，后续研究可拓展至全国地级以上城市商贸流通产业的空间效应探析。

（2）对商贸流通产业影响因素选择的合理性还有待增强。 本书借鉴前人研究成果且结合区域实际情况，仅使用了商贸流通产业增加值作为被解释变量，这难以全面反映商贸流通产业发展状况；对影响因素选择的理论依据不扎实，再加上指标的合理性及数据可得性的限制，使得实证分析结果的准确性有待进一步提高。 未来需增强解释变量选择的科学性，提升实证分析的准确性。

（3）进一步开展面板数据的 GWR 模型分析，反映商贸流通产业发展的空间异质性。 当前 GWR 模型只能对截面数据进行分析，尚不能扩展到面板数据，故选取 3 个具有代表性的年份进行比较分析，未来有待进一步拓展到面板数据分析当中。

（4）目前，把 GWR 模型应用到商贸流通产业的研究还不多，空间溢出效应与距离的关系到底遵循什么样的规律，往往决定着空间权重函数的实际效果，未来可考虑构造多种空间权重函数以适应不同的空间溢出机制。

# 参考文献

［1］艾麦提江·阿布都哈力克，卓乘风，邓峰，2017.我国"一带一路"沿线商贸流通产业专业化与经济增长方式转变——基于城市化调节效应的研究［J］.商业研究（10）:64-71.

［2］保罗·埃尔霍斯特，2015.空间计量经济学：从横截面数据到空间面板［M］.北京：中国人民大学出版社.

［3］保罗·克鲁格曼，吴启霞，安虎森，2006.收益递增与经济地理［J］.延边大学学报（社会科学版），39（1）:50-59.

［4］曹金栋，杨忠于，2005.关于流通业战略性地位的理论探讨及对策分析［J］.经济问题探索（2）:108-109.

［5］曹允春，王曼曼，2007.基于 Feder 模型的商贸流通业对区域经济的溢出效应研究［J］.管理现代化，37（3）:41-43.

［6］常瑞祥，安树伟，2016.中国生产性服务业的空间集聚与变化——基于 285 个城市的实证研究［J］.产经评论，7（6）:39-49.

［7］陈阿兴，2004.我国零售产业组织结构优化与政策［M］.北京：中国商务出版社.

［8］陈姗，王勇，曾庆均，2013.西部商贸流通业发展的地区差异及其变动趋势分析［J］.重庆工商大学学报（社会科学版），30（4）:15-21.

［9］程瑞芳，2002.发挥商品流通先导性的对策研究［J］.财贸经济（8）:64-67.

［10］董誉文，2016.中国商贸流通业增长方式转换及效率评价——

来自 1993—2014 年省际面板数据的实证研究［J］.中国流通
经济，30（10）:12-23.

［11］杜洁思，2016.重庆市商贸流通产业竞争力评价及影响因素研
究［D］.重庆：重庆工商大学.

［12］范荣华，2017.我国农村消费流通产业发展现状与对策［J］.
商业经济研究（1）:145-147.

［13］冯婷婷，杨湘玉，沈晨，2016.中国长三角地区 FDI 技术溢出
的空间局限性研究［J］.技术经济，35（6）:71-77.

［14］高铁生，2011.充分发挥流通产业的先导作用［J］.中国流通
经济，25（11）:21-23.

［15］国家统计局，2008.国民经济行业分类注释［M］.北京：中
国统计出版社.

［16］郝丽媛，金永生，2005.中国流通产业集中度分析［J］.商场
现代化（25）: 47-48.

［17］何永达，赵志田，2012.我国零售业空间分布特征及动力机制
的实证分析［J］.经济地理，32（10）:77-82.

［18］黄栋，2002.产业空间集聚：基于企业行为的观点［D］.武
汉：华中科技大学.

［19］黄国雄，2005.论流通产业是基础产业［J］.财贸经济（4）:
61-65.

［20］黄国雄，2014.国计与民生：论中国商品流通理论创新和实践
的发展［M］.北京：中国商业出版社.

［21］洪涛，2007.我国流通产业已成为基础性产业［J］.现代商业
（18）:5-6.

［22］洪涛，2007.流通产业经济学［M］.北京：经济管理出版社.

［23］胡永仕，许明星，2015.流通产业对区域经济增长作用的经济
学分析——基于福建省的实证研究［J］.北京交通大学学报
（社会科学版），14（2）:92-101.

［24］纪宝成，2010.流通竞争力与流通产业可持续发展［J］.中国

流通经济，24（1）:4-6.

[25] 季模模，孙敬水，2009.我国流通业发展的地区差异及影响因素实证研究：基于中国省际面板数据分析［J］.江苏商论（7）:16-18.

[26] 贾晓燕，2016.我国商贸流通业区域差异影响因素探讨［J］.商业经济研究（3）:10-12.

[27] 贾志芳，王金曼，2013.新时期流通产业的战略地位探索［J］.商业经济研究（27）:21-22.

[28] 金永生，2003.论流通产业组织及其创新［J］.南京财经大学学报（3）:16-21.

[29] 李书勇，2014.二元经济下我国流通溢出对城乡收入差距的作用渠道分析［J］.商业经济研究（29）:6-7.

[30] 李先玲，童光荣，2014.流通溢出效应与城乡收入差距：机理和渠道［J］.中国流通经济，28（1）:27-32.

[31] 李晓慧，2011.流通业溢出效应的理论与实证分析［J］.商业经济研究（27）:14-15.

[32] 李因果，2006.中国城市集聚经济实证研究［M］.徐州：中国矿业大学出版社.

[33] 李玉倩，2017.流通产业集群及各阶段发展要点分析［J］.商业经济研究（18）:162-163.

[34] 林光平，龙志和，吴梅，2006.中国地区经济 $\sigma$-收敛的空间计量实证分析［J］.数量经济技术经济研究，23（4）:14-21.

[35] 林文益，1995.贸易经济学［M］.北京：中国财政经济出版社.

[36] 刘根荣，2014.基于全局主成分分析法的中国流通产业区域竞争力研究［J］.中国经济问题（3）:79-89.

[37] 刘根荣，李欣欣，2010.城市化与流通产业发展互动关系的实证分析［J］.价格月刊（9）:21-23.

[38] 刘根荣，付煜，2011.中国流通产业区域竞争力评价［J］.商业经济与管理，1（1）:11-18.

［39］ 刘斯敖，2008.产业集聚测度方法的研究综述［J］.商业研究
　　　（11）:64-66.

［40］ 柳思维，黄福华，2007.新兴流通产业发展研究［M］.北
　　　京:中国市场出版社.

［41］ 刘雅婧，2017.流通产业公益性产品供给存在的问题及完善对
　　　策研究［J］.价格月刊（4）:74-77.

［42］ 刘增佳，2013.区域流通产业发展差异的空间统计分析［D］.
　　　杭州:浙江工商大学.

［43］ 罗勇，曹丽莉，2005.中国制造业集聚程度变动趋势实证研究
　　　［J］.经济研究，22（8）:22-8.

［44］ 马龙龙，陶婷婷，2016.流通公益性研究综述［J］.中国流通
　　　经济，30（10）:5-11.

［45］ 乔均，2000.转型期流通产业发展实证分析及对策研究［J］.
　　　经济学动态（10）:18-21.

［46］ 冉净斐，文启湘，2005.流通战略产业论［J］.商业经济与管
　　　理（6）:10-15.

［47］ 冉净斐，2005.流通发展与经济增长的关系:理论与实证
　　　［J］.生产力研究（3）:21-22.

［48］ 饶雪玲，2017.我国商贸流通业发展方式研究［J］.商业经济
　　　研究（13）:13-15.

［49］ 任保平，2012.中国商贸流通业发展方式的评价及其转变的路
　　　径分析［J］.商业经济与管理，1（8）:5-12.

［50］ 司增绰，2011.区域商贸流通发展与公路交通水平计量分析
　　　［J］.商业研究（8）:62-67.

［51］ 田华，夏勇，2016.流通产业优化发展对第三产业经济增长的
　　　溢出效应［J］.商业经济研究（7）:173-175.

［52］ 王国锋，刘小娟，邱虹，2015.商贸流通产业发展与城市化进
　　　程关系实证分析［J］.商业经济研究（27）:12-13.

［53］ 王恒玉，高洪浩，张莹，2016.我国信息产业发展对各省区流

通部门的溢出效应——基于 2000—2014 年 31 省区市数据的实证研究 [J]. 商业研究（10）:18-23.

[54] 王锦良, 2012. 流通产业对经济发展的影响研究 [D]. 哈尔滨：哈尔滨商业大学.

[55] 王锦良, 宋国宇, 2011. 流通产业发展影响区域经济增长的经验分析 [J]. 技术经济, 30（11）:45-51.

[56] 王秋颖, 李昂, 2017. 基于灰色关联分析的流通产业与经济增长的影响研究 [J]. 经济研究导刊（23）:7-11.

[57] 王世进, 周敏, 司增绰, 2013. 流通产业促进我国居民消费影响的实证研究——基于面板数据 SUR 模型的分析 [J]. 商业经济与管理（10）:22-31.

[58] 王先庆, 房永辉, 2007. 流通业成为"先导性产业"的约束条件和成长机制 [J]. 广东财经大学学报（6）:25-28.

[59] 王兴平, 崔功豪, 2003. 中国城市开发区的区位效益规律研究 [J]. 城市规划学刊（3）:69-73.

[60] 王旭章, 1995. 区域经济和行业规模经济 [J]. 苏州科技大学学报（社会科学版）（4）:1-6.

[61] 王月辉, 2005. 现代日本流通业 [M]. 北京：科学技术文献出版社.

[62] 王铮, 毛可晶, 刘筱, 等, 2005. 高技术产业集聚区形成的区位因子分析 [J]. 地理学报, 60（4）: 567-576.

[63] 王晓东, 周旭东, 2016. 扩大内需政策下流通产业增长的影响因素——包含制度因素的主成分实证分析 [J]. 中国流通经济（1）:17-24.

[64] 文玫, 2004. 中国工业在区域上的重新定位和聚集 [J]. 经济研究（2）.

[65] 吴雪萍, 赵果庆, 2017. 中国空间基尼系数:测算、改进与趋势 [J]. 统计与决策（3）:5-9.

[66] 夏春玉, 2013. 流通概论（3 版）[M]. 大连：东北财经大学

出版社.

［67］徐康宁，冯春虎，2003.中国制造业地区性集中程度的实证研究［J］.东南大学学报，5（1）:37-42.

［68］徐丽，2015.长江经济带商贸流通业区域差异及影响因素分析［D］.重庆：重庆工商大学.

［69］晏维龙，2006.中国城市化对流通业发展影响的实证研究［J］.财贸经济（3）:55-59.

［70］杨敏茹，2016.区域间商贸流通产业发展差异化的内部影响因素分析［J］.商业经济研究（6）:13-14.

［71］依绍华，廖斌，2014.流通产业公益属性的理论探讨［J］.价格理论与实践（8）:43-45.

［72］俞超，任阳军，2017.我国商贸流通业效率的空间溢出效应研究［J］.商业经济研究（14）:9-11.

［73］余国锋，2005.流通产业评价指标体系［J］.合作经济与科技（6）:6-7.

［74］余臻蔚，2017.流通溢出效应对城乡收入差距的影响研究［J］.商业经济研究（15）:19-21.

［75］袁平红，2012.流通溢出效应与海岸带城市群经济集聚［J］.财经科学（3）:59-67.

［76］曾浩，杨天池，高苇，等，2016.区域经济空间格局演化的实证分析［J］.统计与决策（1）:106-109.

［77］曾银娥，2016.流通产业对经济增长促进作用的实证研究——基于2003—2009年31个省区市的面板数据［J］.经济研究导刊（4）:29-31.

［78］詹浩勇，冯金丽，2016.西部生产性服务业集聚对制造业转型升级的影响——基于空间计量模型的实证分析［J］.技术经济与管理研究（4）:102-109.

［79］詹厚龙，2014.中国省域R&D空间溢出效应研究［D］.重庆：重庆工商大学.

[80] 张连刚, 李兴蓉, 2010.流通产业定位研究进展及趋势 [J].
商业经济与管理（3）:11-16.

[81] 张绪昌, 丁俊发, 1995.流通经济学 [M].北京: 人民出版社.

[82] 张征宇, 朱平芳, 2010.地方环境支出的实证研究 [J].经济
研究（5）:82-94.

[83] 张志敏, 2015.信息化水平提升与商贸流通业发展方式转变关
系研究 [J].商业经济研究（15）:10-11.

[84] 赵璐, 赵作权, 2014a.中国沿海地区经济空间差异的动态演
化 [J].世界地理研究, 23（1）:45-54.

[85] 赵璐, 赵作权, 2014b.中国制造业的大规模空间集聚与变
化——基于两次经济普查数据的实证研究 [J].数量经济技
术经济研究（10）:110-121.

[86] 赵萍, 2007.流通产业影响力实证研究 [J].商业经济研究
（17）:15-17.

[87] 赵淑琪, 2012.山西省流通产业发展研究 [D].太原: 山西财
经大学.

[88] 赵娴, 2007.流通先导作用辨析 [J].中国流通经济, 21
（10）:11-14.

[89] 赵作权, 2014.空间格局统计与空间经济分析 [M].北京:
科学出版社.

[90] 中国社会科学院课题组, 2008.商贸流通服务业影响力实证分
析 [J].中国流通经济, 22（3）:9-12.

[91] 周青浮, 2015.国内流通产业发展区域差异研究 [J].价格月
刊（1）:53-56.

[92] 朱发仓, 苏为华, 2007.我国流通业利用外资的实证分析
[J].统计研究, 24（8）:44-47.

[93] 朱道才, 任以胜, 徐慧敏, 等, 2016.长江经济带空间溢出效
应时空分异 [J].经济地理, 36（6）:26-33.

[94] AKAIKE H, 1974. A new look at the statistical model

identification [ J ] . Automatic control ieee transactions on, 19 ( 6 ) : 716-723.

[ 95 ] AKIMOTO T, MOROKAWA Y, KUMAI T, et al. , 2005. Attempting to predict the efficacy of olanzapine by genotype [ J ] . International clinical psychopharmacology, 20 ( 3 ) : 9.

[ 96 ] ANSELIN L, 1988. Spatial econometrics: methods and models [ M ] . Berlin: Springer Netherlands.

[ 97 ] ANSELIN L, BERA A K, 1998. Spatial dependence in linear regression models with an introduction to spatial econometrics [ J ] . Handbook of applied economic statistics, 155: 237-290.

[ 98 ] ANSELIN L, REY S, 1991. Properties of tests for spatial dependence in linear regression models [ J ] . Geographical analysis, 23 ( 2 ) : 112-131.

[ 99 ] BRUNSDON C, FOTHERINGHAM A S, CHARLTON M, 1999. Some notes on parametric significance tests for geographically weighted regression [ J ] . Journal of regional science, 39 ( 3 ) : 497-524.

[ 100 ] CÉCILE B, SANDRA P, 2004. Protectionism and industry location in Chinese provinces [ J ] . Journal of Chinese economic & business Studie, 2 ( 2 ) : 133-154.

[ 101 ] CLIFF A D, ORD J K, 1981. Spatial processes, models and applications [ J ] . Journal of the royal statistical society, 147 ( 3 ) : 15-20.

[ 102 ] COHEN J P, MONACO K, 2009. Intercountry spillovers in California's ports and roads infrastructure: the impact on retail trade [ J ] . Letters in Spatial & resource sciences, 2 ( 2-3 ) : 77.

[ 103 ] DAVIES S, LYONS B, 2005. Industrial organization in the European Union [ J ] . Molecular Reproduction &

development, 70（4）：92-107.

[104] ELLISON G, GLAESER E L, 1994. Geographic concentration in U. S. manufacturing industries: a dartboard approach [J]. Social science electronic publishing, 105（105）：889-927.

[105] FOSTER S A, GORR W L, 1986. An adaptive filter for estimating spatially-varying parameters: application to modeling police hours spent in response to calls for service [C]. INFORMS.

[106] FOTHERINGHAM A S, CHARLTON M, BRUNSDON C, 1996. The geography of parameter space: an investigation of spatial nonstationarity [J]. International journal of geographical information systerns, 10（5）：605-627.

[107] GILLES D, HENRY G O, 2010. Testing for Localization using micro-geographic data [J]. Review of economic studies, 72（4）：1077-1106.

[108] GREUNZ L, 2003. Geographically and technologically mediated knowledge spillovers between Euoropean regions [J]. Annals of regional science, 37（4）：657-680

[109] HENDERSON V J, 2003. Marshall's Scale Economics [J]. Journal of Urban Economics, 53: 1-28.

[110] HURVICH C M, SIMONOFF J S, TSAI C L, 1998. Smoothing parameter selection in nonparametric regression using an improved Akaike information criterion [J]. Journal of the royal statistical society, 60（2）：271-293.

[111] KARL A, MICHAEL P, 2004. The single market and geography concentration in Europe [J]. Review of international economics, 12（1）：1-15.

[112] KRUGMAN P, 1980. Scale economies, product differentiation,

and the pattern of trade [J]. American economic review, 70 (5): 950-959.

[113] LI J, WEN J, JIANG B, 2017. Spatial spillover effects of transport infrastructure in Chinese New silk road economic belt [J]. International journal of e-navigation and maritime Economy, 6: 1-8.

[114] LIM U, 2003. The spatial distribution of innovative activity in U. S. metropolitan areas: evidence from patent data [J]. Journal of regional analysis and policy, 33 (2): 97-126.

[115] LOADER C, 1999. Local regression and likelihood [M] // Local regression and likelihood. Springer: 65-85.

[116] MARSHALL A, 1920. Principles of economies [M]. London: Macmillan.

[117] MICHAŁ B P, 2014. Redefining the modifiable areal unit problem within spatial econometrics, the case of the aggregation problem [J]. Addiction, 9 (3): 131.

[118] PACE R K, BARRY R, 2008. Sparse spatial autoregressions [J]. Statistics & probability letters, 33 (3): 291-297.

[119] RAUCH J E, TRINDADE V, 2006. Ethnic Chinese networks in international trade [J]. Review of economics & statistics, 84 (1): 116-130.

[120] ROSENTHAL S S, STRANGE W C, 2001. The determinants of agglomeration [J]. Journal of urban economics, 50 (2): 191-229.

[121] SCOTT L M, JANIKAS M V, 2010. Spatial statistics in ArcGIS [M]. Handbook of Applied Spatial Analysis: 27-41.

[122] SEHWARTZ B D, SHEVACH E M, 1978. The guinea pig

i region-a structural, genetic and functional analysis [ J ] . Ir Genes & Ia Antigens: 215-228.

[ 123 ] STORPER M, 1989. The transition to flexible specialization in industry : external economies, the division of labor and the crossing of industrial divides [ J ] . Cambridge journal of economics（2）: 273-305

[ 124 ] TALEN E, ANSELIN L, 1998. Assessing spatial equity: an evaluation of measures of accessibility to public playgrounds [ J ] . Environment & planning a, 30（4）: 595-613.

[ 125 ] THANG T T, PHAM T S H, BARNES B R, 2016. Spatial spillover effects from foreign direct investment in vietnam [ J ] . Journal of development studies, 52（10）: 1431-1445.

[ 126 ] TOBLER W R, 1970. A computer movie simulating urban growth in the detroit region [ J ] . Economic geography, 46（Supp 1）: 234-240.

[ 127 ] VENABLES A J, 1996. Equilibrium locations of vertically linked industries [ J ] . International economic review, 37（2）: 341-359.

[ 128 ] WILLIAM S C, 1979. Robust locally weighted regression and smoothing scatterplots [ J ] . Journal of the American statistical association, 74（368）: 829-836.

[ 129 ] WONG D W S, 1999. Several fundamentals in implementing spatial statistics in GIS: using centre-graphic measures as examples [ J ] . Geographic information sciences, 5（2）: 163-174.